AUTHENTISCH
ME ZUM
ERFOLG

W0110041

Vorwort – Heike Arnold 6

1 Cornelia B. Bienz
Der Weg zu mir 14

2 Carolin Limburg
Die GRACE Methode – Echte Befreiung
statt Mindset Marathon.. 40

3 SonJA Müller
Auf einen Spaziergang mit dir 74

4 Magdalena Büttner
Von Angst zum Vertrauen und zur Liebe –
der innere Weg 104

5 Heidi Weber Rüegg
Meine Wahrheit leben. Meine Wahrheit sein 124

6 Ulrike Keferstein
Was ist, wenn der Klimawandel
gar nicht unser Problem ist? 140

7 Elke Knape
Das JA zu MIR 164

8 Liliana Pellegrino
Design your life – Think always big!............................ 178

9 Beate Grewe
Warum es wichtig ist, du selbst zu sein 202

»Man sieht nur

mit dem Herzen gut.

Das Wesentliche ist für die

Augen unsichtbar.«

(Der kleine Prinz)

Heike Arnold

Wellnesstherapeutin, Mentorin, Coach
Heilung in der Tiefe. Training für Bewusstsein
Ich bin ♥

Meine Tochter Keanah hat mich auf den Weg gebracht.
Durch sie lebe ich jetzt meine Berufung.

Ich lebe und liebe meine Authentizität aus tiefstem Herzen.
Es ist für mich absolute Erfüllung, Menschen begleiten zu dürfen.
Dafür lebe und gehe ich. Wenn ich sehe, dass am Ende die
Menschen voller Lebensfreude, Klarheit und Glück dastehen,
ist das für mich unbezahlbar. Es erfüllt mich auf allen Ebenen.
Jeder darf sein wahres SEIN leben und sein INNERES
wieder zum Leuchten bringen.

Ich arbeite in meinen Räumen offline aber auch online.

www.heikearnold.com

Ihr Lieben

Mein Name ist Heike Arnold, Mama von drei wundervollen Kindern. Mein Leben war immer ganz normal, dachte ich zumindest, bis das Jahr 2016 kam. Da änderte sich alles, schlagartig.

Meine Tochter (7 Jahre) klagte immer wieder über Müdigkeit und Schmerzen in den Beinen. Naja, ich dachte mir, jede Mama kennt das ja. Mein erster Gedanke war, es sind wohl Wachstumsschmerzen. Es wurde aber nicht besser, im Gegenteil, es wurde immer schlimmer. Es zog sich über Wochen hin und ich ging mit ihr von einem Arzt zum anderen. Keiner konnte etwas Konkretes finden, es kam immer wieder die Aussage, es wird schon wieder, wir müssen einfach Geduld haben. Also machten wir eben so weiter, wenn die Ärzte das sagten, würde es wohl stimmen. Man hat ja schließlich VERTRAUEN.

Es vergingen Wochen und Monate. Ich war wieder beim Kinderarzt und dieser beteuerte, Keanah, du hast nichts Schlimmes, du wirst wieder gesund. Den Satz höre ich heute noch in meinem Ohr. Es sind mittlerweile wieder einige Monate vergangen, solange hat sich alles hingezogen, bis ich irgendwann zum Arzt gegangen bin und sagte, jetzt ist Schluss, da steckt etwas anderes dahinter. Unser Glück war wirklich, dass wir bei seiner Vertretung landeten. Sie erkannte sofort, dass dafür etwas anderes verantwortlich war. Sie nahm Blut ab und meinte, man muss schauen, ob nicht das Knochenmark betroffen ist. Zwei Tage später kam dann ein Anruf … ich war arbeiten, damals war ich noch im Kindergarten tätig. Wir sollen bitte sofort in die Klinik kommen und keine Zeit verlieren. Mir wurde schlecht und ich weinte nur noch. Natürlich wusste ich nach dieser Aussage, dass es sich um etwas sehr Ernstes handeln musste. Wie bringe ich dies nur Keanah bei? Was sage ich? Irgendwann nahm ich meinen ganzen Mut zusammen und sagte ihr, Keanah, Schatz, wir müssen ins Krankenhaus. Sie brach unter Tränen zusammen und sagte nur, Mama, ich habe gewusst, dass ich was Schlimmes habe. So machten wir uns auf den Weg in die Klinik. Dort angekommen, mussten wir ewig warten. Irgendwann kamen wir dann doch mal dran. Eine Untersuchung folgte auf die andere … sie vermuteten, dass sie Leukämie hätte! Nein, niemals. Mein Kind doch nicht! Leukämie war es nicht, wie sich herausstellte, aber ein Tumor, auch eine schreckliche Diagnose. Mein Kind hat Krebs, das kann doch nicht sein, sie lügen und zwar alle! Meine Welt blieb stehen. Von Keanah kamen Fragen, Mama, habe ich wirklich Krebs? Verliere ich meine Haare? Muss ich sterben? Fragen, die man nicht hören möchte und die man doch beantworten musste.

So ging es los … der lange Weg durch diese Krankheit. Keanah war voller Kraft und Optimismus. Sie lachte immer und man merkte eigentlich gar nicht, dass sie Krebs hatte. Klar, irgendwann schon, weil sie ihre wunderschönen langen Locken verloren hatte. Aber sie marschierte durch die Chemotherapie, als bekäme sie nur Hustensaft verabreicht. Irgendwann haben wir festgestellt, dass sie immun gegen die Chemotherapie war. Wir haben sie abgebrochen und sind auf andere Therapien umgestiegen, was die beste Entscheidung war. Keanah war in der ganzen Zeit voller Lebensfreude, sie wirkte so positiv und lachte immer. Sie hat auch alles angenommen, was auf sie zukam. Egal was sie an alternativen Ergänzungsmitteln nehmen musste, sie machte es, hat weder gejammert noch sich geweigert (wir als Erwachsene hätten wahrscheinlich irgendwann die Nase voll gehabt).

Keanah war so anders, so besonders

Im Sommer 2017 flog ich mit ihr noch nach Amerika, um ihre beste Freundin zu besuchen. Sie waren wie Seelenschwestern, verstanden sich ohne Worte. Es war enorm wichtig, dass wir diese Reise noch gemacht haben. Das Jahr 2017 war einfach ein tolles Jahr. Voller Erlebnisse, Eindrücke und Lebensfreude. Wenn man es nicht gewusst hat, dass sie Krebs hatte, hat man es ihr nicht angesehen.

Im Dezember 2017 verschlechterte sich ihr Zustand – vor allem Magen/Darm – und von da an ging es immer weiter abwärts. Es kam immer mehr dazu, irgendwann konnte sie keinen Urin mehr lassen und sie wurde zunehmend schwächer. Mir wurde immer wieder gesagt, dass das alles von der Grunderkrankung kommt. Keiner wollte über den Tellerrand blicken, sie wurde einfach abgestempelt, aufgegeben. Mir wurde sogar einmal schriftlich mitgeteilt, dass diese Krankheit sowieso tödlich enden würde, also was soll man denn dann noch machen?

Das waren Wörter, die dir ins Herz schneiden

Ich kann doch meine 8-jährige Tochter nicht aufgeben, nicht vor sich hinvegetieren lassen. Ich habe recherchiert, gelesen, Telefongespräche geführt. Nach jedem Strohhalm gegriffen, der mir gereicht wurde. Das Schlimmste kam noch, im April 2018 sagte sie auf einmal zu mir, als sie auf dem Sofa saß, Mama, ich habe das Gefühl, dass ich eine Sonnenbrille tragen würde. Irgendwie sehe ich alles so dunkel. Ich habe es im ersten Moment gar nicht verstanden, bis ich begriffen habe, dass sie fast nichts mehr sah. Wir haben uns sofort auf dem Weg in die Augenklinik gemacht, dort angekommen war sie schon blind. Innerhalb von ein paar Stunden hatte sie ihr Augenlicht verloren. Als würde man das Licht ausschalten. Es war einfach alles dunkel. Sie musste ins MRT und keiner konnte es schlüssig erklären. Der Arzt meinte, sowas hätte er noch nie gehabt. Als wir dann gesagt haben, dass sie Krebs hat, naja, dann war es für ihn klar. Es komme schließlich von der Grunderkrankung. Es war mittlerweile der Standardsatz, den ich immer zu hören bekam. Als wir dann die Klinik verlassen haben, sagte Keanah zu mir, ach Mama, dann bin ich halt blind, es ist doch nicht so schlimm, ich kann dich immer noch berühren, dich riechen, dich fühlen ... Ein 8-jähriges Kind sagte mir sowas, nachdem es blind geworden war! Da kommen mir heute noch die Tränen.

Keanah war trotzdem voller Stärke, Liebe und nach wie vor voller Lebensfreude. Sie hat mir in der ganzen Zeit so viel beigebracht und gezeigt. Sie war meine beste Lehrerin. Keanah hat mir auch immer gesagt, Mama, du arbeitest nicht mehr im Kindergarten, das ist viel zu stressig für dich, du arbeitest jetzt von zu Hause aus! Du hilfst den Menschen, eigentlich wusste ich gar nicht so richtig, was sie damit meinte. Klar fragte ich sie nochmal, naja, du kannst Menschen heilen (ich weiß, das darf man so eigentlich gar nicht sagen). Eigentlich dachte ich dann, okay, wenn sie das sagt, dann schaue ich mal, was ich damit anfangen kann. Ich suchte nach Ausbildungen und Seminaren. Mein Gedanke war ja eigentlich, dass ich sie dann weiter pflegen könnte und ich immer für sie da wäre. In der Zeit, als sie krank war, habe ich aber Ausbildungen und Seminare absolviert, damit ich anderen Menschen helfen konnte. Das war ja ihr Wunsch. Den habe ich ihr erfüllt. Es gab nichts, was ich ihr abschlagen konnte. In dieser Zeit drehte sich fast alles um sie. Es war teilweise auch so, dass sich meine Jungs selbst versorgt haben, sie waren aber zum Glück in einem Alter (19 und 15), wo es auch für sie zumutbar war.

Daran sind sie letztlich auch gewachsen

Natürlich passierte in dieser ganzen Zeit, in der Keanah krank war, noch so viel mehr, was ich schreiben könnte, aber das würde den Rahmen sprengen. Obwohl sie ja blind war, war sie trotzdem voller Freude, manchmal habe ich es gar nicht verstanden. Sie konnte ja nicht mehr laufen, war schwach, auch müde, aber ihr Geist war so hell und ungetrübt. Ist das nicht schlimm, wenn man noch so klar ist und man mitbekommt, wie der Körper extrem abbaut. Vor allem muss ich auch sagen, dass sie sich früher immer gerne bewegt hat, es geliebt hat zu tanzen, egal zu welcher Musik, sie hatte einfach Hummeln im Hintern, und jetzt ging einfach nichts mehr. Aber sie war glücklich, warum? Weil wir alle zusammen waren! Sie hat immer zu mir gesagt, es ist so schön, wenn alle da sind. Und Mama, ich muss dir einfach auch sagen … die Liebe ist das Wichtigste im Leben, alles andere ist unwichtig. Streit, Krieg, Hass … das brauchen wir alles nicht.

Die Liebe ist das Einzige, was wir brauchen

Keanah hat mir gezeigt, was tiefe Liebe wirklich bedeutet, was wirklich wichtig im Leben ist. Sie war eine Meisterin in so vielen Dingen. Am 22. Juni 2018 war es dann so weit. Keanah ist eingeschlafen … Und dann kam der Zeitpunkt, wo es nicht mehr ging. Wir riefen den Notarzt an und uns wurde gesagt, es sei so weit. Der Sterbeprozess habe begonnen, sie könnten nichts mehr für sie tun. Wir sollen für sie da sein und sie in den letzten Stunden noch begleiten. Es dauerte keine Stunde, nur 30 Minuten … wir waren beide an ihrer Seite – ihr Stiefvater und ich. Sie war nicht mehr ansprechbar. Aber intuitiv gab sie ihrem Stiefvater den Befehl, er solle mich aus dem Zimmer schicken. Er meinte, ich soll doch Sanne anrufen, eine ehemalige Arbeitskollegin, die nur eine Straße weiter wohnte. Es war 2.30 Uhr … nein, da rufe ich jetzt nicht an! Doch, du machst das jetzt! Kaum hatte ich das Zimmer verlassen, hörte ihr Herz auf zu schlagen. Sie wollte, dass ich rausgehe, sonst hätte sie nicht gehen können. Ich hätte sie nicht loslassen können, ja, so wäre es gewesen.

Keanah hat mich auf einen Weg gebracht, den ich ohne sie nie gegangen wäre. Einen Weg in erster Linie zu mir selber, in mein Inneres, und einen Weg, um anderen Menschen zu helfen und zu zeigen, was tiefe Liebe bedeutet. Nach diesem Drama gab es auch noch die Trennung und Scheidung von meinem Mann. Es war ein Rosenkrieg, der nicht ohne war, aber auch darüber bin ich heute sehr dankbar. Denn ich habe durch das Ganze so viel Stärke aus mir herausgeholt, was ohne ihn gar nicht möglich gewesen wäre. Keanah war und ist heute noch meine beste Lehrerin, sie hat alles mit der Sicherheit einer tiefen Liebe gemacht, und das hat sie mir vermittelt. Genau das lebe und verkörpere ich heute. Ich habe tatsächlich den Kindergarten verlassen und helfe jetzt Menschen und begleite sie. Menschen, die den Boden unter den Füßen verloren habe. Es ist meine Berufung, die ich ohne Keanah nie gefunden hätte. Ich wäre immer noch in meinem Hamsterrad und würde tagtäglich meinem üblichen Trott nachgehen.

Es ist immer ein Licht am Ende des Tunnels, egal wie lange der Tunnel auch sein mag, und alles Negative zieht auch etwas Positives nach sich, man muss es einfach nur erkennen. Es kommt auch immer ein Geschenk. Viele werden sich fragen, welches Geschenk soll denn dahinterstecken, wenn man ein Kind verliert. Ja, das habe ich mich natürlich auch gefragt, aber es ist meine Berufung, die ich aus tiefstem Herzen lebe.

Das ist das Geschenk, das ich bekommen habe.

Ich kenne jedes Gefühl im Leben, ich weiß, wie es sich anfühlt, deswegen kann ich viele Menschen verstehen. Und kann sie genau deswegen dort abholen, wo sie gerade stehen.

Nun kennt ihr meine Geschichte und könnt verstehen, warum „Loslassen" zu meinem Herzens- und Lebensthema geworden ist. Das wiederum ist die wichtigste Voraussetzung für die eigene Authentizität. Deshalb ist es mir unglaublich wichtig, dass viele Menschen dieses Buch lesen und sich auf den Weg machen, um loszulassen, was losgelassen werden muss. Erst dann kann Frieden einkehren in der Seele und vor allem auch die Liebe. Nun steht einem authentischen und selbstbestimmten Handeln und Wirken nichts mehr im Weg. Ich wünsche euch, dass ihr viele gute Gedanken und Impulse aus diesem Buch mitnehmen könnt, um sie in euer Leben zu adaptieren.

In tiefer Liebe
Heike

1

—

»Das Dasein ist köstlich,

man muss nur den

Mut haben, sein eigenes

Leben zu führen.«

(Peter Rosegger)

Cornelia B. Bienz

Seele
Mensch
Fotografin

www.corneliabienz.com

Der Weg zu mir

Cornelia B. Bienz

„Es wird leer in dir, wenn du dir selber abtrünnig wirst."
(Antoine de Saint-Exupéry)

Das Wort „authentisch" oder „Authentizität" ist heutzutage in aller Munde. Doch was bedeutet dieses Wort genau? Gemäss Definition Duden bedeutet authentisch: echt; den Tatsachen entsprechend und daher glaubwürdig.

Als Synonyme zu authentisch führt der Duden folgende Wörter auf:
- beglaubigt
- belegt
- dokumentiert
- echt
- gesichert
- glaubwürdig
- sicher
- ungeschönt
- unverfälscht
- verbürgt
- verlässlich
- wahr
- zuverlässig

Im Leben spielen wir diverse Rollen und tragen verschiedene Masken. Im familiären Umfeld sind wir immer Kind eines Elternpaares, sind vielleicht selber Eltern, gar Grosseltern, sind eingebettet in einem Familiengefüge, sind Geschwister, Cousinen/Cousins, Nichten/Neffen oder Tanten/Onkel. Im geschäftlichen Umfeld sind wir Studierende, Angestellte, Chefs, selbstständig Erwerbstätige, Unternehmer, Geschäftspartner, Arbeitssuchende oder Pensionierte. Üben in unserem Leben die unterschiedlichsten Berufe oder Tätigkeiten aus, oft gleichzeitig, weil das Geld knapp ist, weil wir unsere Berufung zum Nebenerwerb machen oder aus anderen Gründen. Manchmal zwingt uns das Schicksal, uns komplett neu zu orientieren, oder wir machen diesen Schritt bewusst, um uns weiterzuentwickeln. Im privaten Umfeld sind wir Bekannte, Kollegen, Freundin/Freund, Geliebte/Geliebter, Ehefrau/Ehemann.

Machen Sie sich doch einmal bewusst, welche Positionen Sie in diesen drei Bereichen jeweils einnehmen und überlegen Sie sich, welche diversen Rollen Sie in Ihrem aktuellen Leben spielen, welche Sie schon gespielt oder welche Maske Sie getragen haben! Sie haben nicht nur die eine Funktion, sondern erfüllen verschiedene gleichzeitig oder wechseln in Sekundenschnelle von der einen in die andere. Dies geschieht unbewusst und hat dennoch einen grossen Einfluss auf unser Umfeld.

Wenn Sie mögen, können Sie eine kleine Übung machen, Ihre Gedanken bündeln und sich so bewusst werden, wer Sie sind. Nehmen Sie dazu ein weisses Blatt Papier, zeichnen Sie eine Figur in die Mitte und schreiben Sie Ihren Namen darüber. Es spielt keine Rolle, wenn Sie nicht zeichnen können. Ein Strichmännchen genügt. Wichtig ist nur, dass Sie Ihren Namen darüber schreiben. Nun notieren Sie links, rechts, unten und oben, welche Rolle, Tätigkeit oder Position Sie in diesen drei Bereichen einnehmen, eingenommen haben oder ausüben. Schreiben Sie alles auf, egal wie lange Sie die einzelnen Tätigkeiten ausgeübt haben. Am Anfang fallen Ihnen die einzelnen Rollen ganz schnell ein und Sie können das Blatt zügig ausfüllen. Wenn Sie denken, dass Sie alles notiert haben, lassen Sie das Blatt Papier eine

Weile liegen und notieren laufend, wenn Ihnen z. B. tagsüber noch etwas einfällt. In einer ruhigen Minute schauen Sie sich nun das Blatt an. Sie werden erstaunt sein, was Sie in Ihrem Leben bereits alles geleistet, welche Tätigkeiten Sie schon ausgeübt haben und welche Rollen Sie in Ihrem aktuellen Leben einnehmen.

Diese Aufstellung kann Ihnen in verschiedener Hinsicht dienlich sein. Sie zeigt Ihnen auf, wo Sie aktuell im Leben stehen, welche Teilbereiche Sie ausfüllen. Wenn Sie mögen, können Sie sich überlegen, welche Aspekte Sie ändern, optimieren oder streichen möchten. Sie kann Ihr Selbstwertgefühl steigern, wenn Sie anerkennen, was Sie bereits alles geleistet haben, und Ihnen in Tagen, an denen Sie an sich zweifeln, helfen, die trüben Gedanken zu verscheuchen.

Ja, es gibt auch Situationen, in denen wir bewusst in eine bestimmte Rolle schlüpfen oder wir uns maskieren, zum Beispiel zur Faschingszeit, wenn wir Theater-/Rollenspiele oder Motto-Partys veranstalten oder alte Bräuche und Sitten wieder aufleben lassen.

Ist es nicht herrlich, für eine kurze Weile jemand anderer zu sein? Über Eigenschaften und Qualitäten zu verfügen, die man nicht zu haben glaubt oder sich nicht zutraut? Sich als Prinzessin zu fühlen und an den Ritter auf dem weissen Pferd zu glauben? Oder einen Helden spielen, der stark und furchtlos ist? Vielleicht möchte man sich auch einmal als Ganove oder Teufelchen austoben und nicht immer nur die oder der Angepasste sein?

Wann sprechen wir von einem authentischen Menschen und wie nehmen wir ihn wahr?

Gemäss Wikipedia wird eine authentische Person folgendermassen definiert: Sie handelt gemäss ihrem wahren Selbst, d. h., sie drückt ihre Werte, Gedanken, Emotionen, Überzeugungen und Bedürfnisse entsprechend aus, handelt danach und lässt sich nicht durch äussere Umstände beeinflussen.

Wir nehmen diese Person als echt und ungekünstelt wahr. Wir spüren, wenn sich ein Mensch verstellt, Denken und Handeln nicht übereinstimmen und er uns etwas vormacht. Instinktiv registrieren wir, dass hier etwas nicht stimmt, und lassen eine gewisse Vorsicht im Umgang mit ihr/ihm walten.

Für welche Rolle/Maske wollen wir authentisch sein? Können wir überhaupt für alle authentisch sein? Wenn wir für die verschiedenen Teilaspekte unseres Seins keine Rollen spielen, sondern gemäss obiger Definition agieren, bin ich davon überzeugt, dass wir jede einzelne Facette und Funktion unserer Persönlichkeit mit individuellen Eigenschaften ausfüllen und entsprechend handeln können. So kann eine liebende Mutter und Ehefrau gleichzeitig eine gewiefte Geschäftsfrau, ein fürsorglicher Vater und Ehemann ein verlässlicher Sportsfreund und zuverlässiger Angestellter sein.

Was bedeutet authentisch für mich?

Nebst dem Handeln gemäss dem wahren Selbst gehören für mich ganz viel Mut, Vertrauen und Abgrenzung dazu. Bewusst habe ich als Statement das Zitat des österreichischen Autor Peter Rosegger gewählt:

„Das Dasein ist köstlich, man muss nur den Mut haben, sein eigenes Leben zu führen."

Weshalb Mut? Es braucht doch keinen Mut, sich selber zu sein? Oder doch? Je mehr man sich seinem wahren Selbst annähert, sich selber wird und zu sich steht, desto mehr entfernt man sich in gewissen Bereichen von seinem Umfeld, und das verursacht in der Regel Angst. Plötzlich ist man nicht mehr die brave Tochter, tickt als Vater anders oder passt nicht mehr in eine Gemeinschaft. Selber verspürt man Unsicherheit und Angst, erschrickt über den eigenen Mut, sich aus der Komfortzone zu begeben, in der alles so gemütlich, sicher, bekannt und absehbar war. Vielleicht verliert man für eine gewisse Zeit den Halt, strauchelt, bis man sich neu erfunden hat und wieder weiss, wer man ist und wo man hingehört.

Weshalb Vertrauen? Sich selber, seinen Fähigkeiten, dem Glück oder anderen vertrauen? In dieser Phase braucht es enorm viel Vertrauen in sein Umfeld und vor allem in sich selbst. Oft hindert das Umfeld einen am Wachstum, weil Partner, Freunde oder enge Angehörige diesen Schritt nicht mitmachen möchten. Dafür gibt es verschiedene Gründe, wie z. B. soziale und gesellschaftliche Konventionen, Bequemlichkeit, mangelnder Glaube an sich selbst, fehlendes Geld usw. Umso mehr muss man an sich selber glauben, mutig seine Schritte gehen und auf die eigenen Fähigkeiten vertrauen. Lassen Sie sich nicht von Miesepetern, Neidern oder Fehlschlägen beirren. Suchen Sie Menschen, die Sie unterstützen, die Sie weiterbringen. Menschen, die ihren Weg bereits gegangen sind und schon das sind, was Sie selber sein möchten oder schon da sind, wo Sie hin möchten. Beobachten Sie, wie diese Personen ihre Ziele erreicht haben. Lernen Sie von ihnen, übernehmen Sie deren Strategien und Gewohnheiten. Aber hören Sie immer auch auf sich selbst. Passt Ratschlag A oder B zu Ihnen? Üben Sie die vorgeschlagene Tätigkeit gerne aus oder quälen Sie sich dabei? Haben Sie das Gefühl, sich verbiegen zu müssen? Übernehmen Sie nichts, was sich nicht richtig anfühlt oder zu Ihnen gehört und spielen Sie keine Rolle. Stehen Sie für sich und Ihre Belange ein.

Bleiben Sie authentisch

Manchmal lohnt es sich, ganz bei sich zu bleiben. Seinen Weg zu gehen, stetig und voller Zuversicht.

Manchmal ist es hilfreich, jemandem zu folgen.

Weshalb Abgrenzung? Wo und wie grenze ich mich ab? Wo füge ich mich ein?

So wie wir einen Einfluss auf unser Umfeld haben, prägt uns dieses auch. Deshalb ist es für unsere Entwicklung wichtig, dass wir uns genau überlegen, wo und wie wir uns abgrenzen. Braucht es einen klaren Schnitt oder gehen wir step by step vor? Ist es ein Prozess, der über eine gewisse Weile dauert oder ist es eine einmalige Angelegenheit? Ich knüpfe an mein Kapitel im Buch „Seelenbotschaften – Was die Welt jetzt wirklich braucht" an, in welchem ich Ihnen bereits Mut zugesprochen habe, Ihren eigenen Weg zu gehen. Seit Erscheinen dieses Buches Ende April 2023, in dem ich als Co-Autorin mit Text und Fotos mitgewirkt habe, ereigneten sich unglaubliche Begebenheiten und Momente, in denen ich all meinen Mut zusammennehmen, auf meine Fähigkeiten vertrauen oder mich abgrenzen musste.

Gerne nehme ich Sie auf die Reise zu meinem authentisch me mit

Wenn ich an die Buchmesse 2023 Ende April in Leipzig denke, fühlt sich das an, als wäre das schon ewig her, dabei sind noch keine sechs Monate vergangen. Im Vorfeld dieser Veranstaltung machte ich mir viele Gedanken. Welche Kleider nehme ich mit, wie gebe ich mich, wie und wer will ich sein? Was werde ich dort erleben, wen werde ich antreffen oder kennenlernen? Wie kommt mein Text an, was sagen die anderen Co-Autorinnen und Co-Autoren zu meinen Bildern? Wie gefällt ihnen das Cover? So fuhr ich denn voller Vorfreude und gespannt wie ein Flitzebogen nach Leipzig, nicht ahnend, wie sehr ich bei diesem Event aus meiner Komfortzone gerissen werden würde. Am Vorabend der offiziellen Eröffnung der Leipziger Buchmesse hatte unser Verlag einen wunderbaren Event in der Glaskuppel der Leipziger Volkszeitung organisiert. Dort lernte ich die anderen Co-Autorinnen und Co-Autoren kennen, konnte mich mit ihnen austauschen, erhielt Feedbacks und befand mich plötzlich auf der Bühne. Jeder

Einzelne von uns wurde für ein kurzes Interview nach oben geholt. Am liebsten hätte ich mich verkrochen, damit hatte ich nicht gerechnet. Doch dann sagte ich mir, sei einfach Du, gib dich, wie du bist, sei mutig und zieh das durch. An solchen Situationen kannst du wachsen.

Die folgenden Tage waren nicht minder ereignisreich. Wir schlenderten durch die Hallen der Buchmesse, trafen uns am Verkaufsstand des Verlages, führten ernsthafte Gespräche, lachten miteinander und lernten uns besser kennen. So ergab sich eine Situation beim Kaffeetrinken, dass ich als Fotografin zwischen zwei Coaches sass und dachte, typisch, ich bin mal wieder die Exotin. Was habe ich schon zu sagen? Doch dann besann ich mich auf mich und überlegte mir, was macht mich aus, was zeichnet mich aus? Das sind ganz klar meine Bilder. Durch sie drücke ich aus, was ich in dem jeweiligen Moment gesehen, gefühlt oder erlebt habe. Meine Botschaften zeigen sich durch meine Bilder.

Sicher ist Ihnen aufgefallen, dass meine Bilder ungewöhnlich sind. Sie zeigen einen etwas anderen Blickwinkel auf die Dinge. Sie entsprechen nicht der Norm, sind etwas entrückt, die einen sagen, sie seien magisch. Sie lassen einen staunen, träumen oder den Kopf schütteln.

„Treusein heißt, sich selber die Treue halten."
(Antoine de Saint-Exupéry)

Ja, anfänglich habe ich damit gehadert, einen Bildstil für mich entdeckt zu haben, der nicht den üblichen Konventionen entspricht, der nur einer Minderheit gefällt und Anlass zu Diskussionen gibt. Doch weshalb sollte ich etwas aufgeben, das mich begeistert, mein Herz mit Freude erfüllt? So halte ich mir selber die Treue, bin authentisch, drücke mein Sein und meinen Blickwinkel auf die Welt durch diese Art Bilder aus. Doch zurück zur Buchmesse. Es ergab sich für mich die Gelegenheit einer Lesung vor Publikum, da eine der Autorinnen

erkrankt war. Ich fühlte mich sehr geehrt, dass ich vom Verlag ange-
fragt wurde, doch gleichzeitig war ich total nervös; ich hatte so etwas noch nie gemacht. Als der Zeitpunkt der Lesung kam, stellte ich
das Buch „Seelenbotschaften – Was die Welt jetzt wirklich braucht"
auf den Tisch und legte instinktiv meine Kamera dazu. Wir hatten im
Vorfeld nicht darüber gesprochen, ob ich etwas auf den Tisch legen
sollte und falls ja, was. Aber so fühlte es sich für mich richtig an. Das
Buch, weil es um die Botschaft und mein Mitwirken ging. Und die
Kamera, weil sie seit Jahren mein ständiger Begleiter ist. Die damalige
Verlagsinhaberin, Frau Eva-Maria Popp, machte es mir leicht, gab mir
die nötige Sicherheit und führte mich gekonnt durch die halbstündige
Veranstaltung. Dank ihrer gezielten Fragen wurde es ein lebendiges
Gespräch über die Wirkung von Bildern in Büchern.

Ein wunderbares Highlight in meiner bisherigen Karriere

Dann folgten Schlag auf Schlag die beiden me2we Kongresse, an
denen ich als Ausstellerin teilnahm. Ich reiste mit meinen Bildern nach
Köln und Würzburg, zeigte mich einem breiten Publikum und lernte
grossartige Persönlichkeiten kennen. Nahm an interessanten und be-
wegenden Vorträgen teil, von Menschen, die ihre Ziele erreicht hatten
oder vom Schicksal stark gebeutelt worden waren. Auch hier war ich
als Fotografin eine Exotin. Die meisten Aussteller und Referenten kamen aus den Gebieten Coaching, Mentoring, waren Experten in Bezug auf Mindset, Affiliate-Programme oder Verkauf. Wieder habe ich
sehr viel gelernt, erhielt Einblicke in Themen, mit denen ich mich bis
dahin wenig oder noch gar nicht beschäftigt hatte. Sammelte wert-
volle Tipps und gut gemeinte Ratschläge, wie ich dies oder das machen solle. Für alle diese Anregungen und Empfehlungen bin ich sehr
dankbar. Doch auch hier halte ich mir die Treue und schaue, was für
mich stimmig ist und was nicht. Sich die Treue zu halten heisst nicht,
sich einem Fortschritt oder Wandel zu verschliessen, nichts Neues
anzunehmen oder umzusetzen. Nein, es heisst lediglich, genau zu
prüfen, ob etwas zu einem passt, seinen Werten, Denken und Han-

deln entspricht oder nicht. Auch hier braucht es wieder Mut, Nein zu sagen, zu sich zu stehen, zu reflektieren, wer man ist und was man braucht. Bringen Sie für sich diesen Mut auf, es lohnt sich. Denn jedes Nein zu etwas oder jemandem ist ein Ja zu sich selbst und lässt Sie ein kleines Stückchen authentischer werden.

Gibt es in Ihrem Leben Bereiche, in denen Sie gerne mehr zu etwas Nein sagen würden, weil es Ihnen nicht entspricht? Wo engen Konventionen Sie ein und hindern Sie am Wachstum? Wo gilt es Kompromisse einzugehen und Schritt für Schritt vorwärts zu kommen? Welche Rolle möchten Sie nicht mehr spielen? Wo sind Sie Ihrem wahren Selbst schon ganz nahe? Gibt es Tätigkeiten, die Sie von ganzem Herzen erfüllen und die Sie über alles stellen würden? Wofür würden Sie kämpfen wie ein/e Löwin/Löwe? Je mehr wir zu uns stehen, desto selbstbewusster werden wir, d. h., wir werden uns unseres Selbst bewusst.

Die letzten fünf Monate haben mich geformt, geprägt und gestärkt. Jeder Auftritt, jede Ausstellung war einzigartig und hat mich in meinem Tun bestärkt. Es war nicht immer einfach, hat mir einiges abverlangt und ich musste öfters meine Komfortzone verlassen. Dennoch hat sich dieser Weg für mich gelohnt. Ich lernte, Kritik an meinen Bildern auszuhalten oder Diskussionen darüber zu führen, ob das sinnvoll ist, was ich mache. Gleichzeitig erlebte ich Situationen, in denen Menschen extra wegen meiner Bilder eine Ausstellung besuchten, sie bewunderten, sich darüber erfreuten oder gar Tränen in den Augen hatten. Solche Momente haben mich sehr berührt und mich bestärkt weiterzumachen. Ich lernte, mich abzugrenzen, was mir nicht immer leicht fällt. Bin ich doch eher ein Mensch, der gerne gibt und sich für andere einsetzt. Und dennoch stand ich immer mehr für mich und meine Kunst ein. Fragte mich, ob ich eine angebotene Kooperation eingehen möchte, ob die Konditionen für mich stimmen. Darf ich zu einem Auftrag Nein sagen, wenn ich nicht dahinter stehen kann? Inwieweit gehe ich Kompromisse ein? Mittlerweile bekommt jeder

zu hören, dass ich Fotografin bin, ob er will oder nicht.:-) Oft ergeben sich daraus interessante Gespräche mit den unterschiedlichsten
Menschen, zum Teil an den ungewöhnlichsten Orten. Und dadurch
öffnen sich immer wieder neue Türen.

Kürzlich war ich in Venedig im Urlaub. Einmal mehr, denn Venedig ist
meine absolute Lieblingsstadt, die ich mehrmals pro Jahr besuche.
Im Sommer geniesse ich jeweils ein paar Tage den Lido di Venezia
und verbringe meine Zeit am Strand. So ergab es sich, dass ich mit
dem Beachboy ins Gespräch kam. Während er mir den Liegestuhl
aufklappte und den Sonnenschirm aufspannte, erzählte ich voller Eu-
phorie, dass ich Fotografin bin, weshalb ich hier bin und was ich in den
nächsten Tagen in Venedig fotografieren wollte. Er schmunzelte und
teilte mir mit, dass er auch Fotograf sei. Sofort kamen wir ins Fach-
simpeln, tauschten Visitenkarten aus und verstanden uns prächtig.

Ich wünsche Ihnen, dass Sie Ihre Herzenswünsche ausleben können und so Ihrem wahren Selbst immer näher kommen.

2
—

»Es ist dein Geburtsrecht,

glücklich, gesund

und ganz zu sein.«

Carolin Limburg

Ex-Pilotin
Gründerin und Erfinderin der GRACE-Methode – Carolin Limburg:
wild, frei und sie selbst.

Sie bringt ihre Kundinnen voller Leichtigkeit in ihre Power, in Self
Leadership und Selbstliebe, indem sie ihre Horizonte sprengt und
dazu ermutigt, nach den hellsten Sternen zu greifen.

Durch einen kreativen, holistischen und effektiven Mix aus Yoga,
Breathwork, Meditation und Mindset bringt sie Seelen wieder in
ihren Körper und zurück ins Fühlen, Genießen und Erleben.

Das Ergebnis:
Unwiderstehlich anziehende Frauen, die selbstsicher und erfolgreich
durch ihr Leben und in Richtung Freiheit schreiten!

www.carolinlimburg.de

Die GRACE Methode

Echte Befreiung statt

Mindset Marathon

Carolin Limburg

Die Dinge, die funktionieren, sind immer einfach! Wenn es nicht einfach ist, dann ist es entweder zu diesem Zeitpunkt irrelevant für dich
oder es ist schlichtweg nicht dein Weg.

Es hat ziemlich lange gedauert, bis diese Erkenntnis in meinem Bewusstsein gereift ist. Wirklich. Ziemlich lange. Ich war eine von diesen
ambitionierten und erfolgreichen Frauen, die alles hatte (Ehemann,
zwei Kinder, Haus, Hund und den Wahnsinnsjob: Pilotin für ein bekanntes Luftfahrtunternehmen) und nichts davon wirklich wertschätzen konnte. Natürlich habe ich meine Familie über alles geliebt. Natürlich war ich stolz auf Haus, Hof und Beruf. Aber das spielte sich alles
an der Oberfläche ab, während ich innerlich getrieben auf der Suche
nach etwas war, wovon ich selbst nicht so genau wusste, was das
eigentlich sein sollte.
Berufung …? Mich selbst endlich wirklich spüren …? Anerkennung
und gesehen werden …? Lust, Liebe und Lebendigkeit?! Ja, was
fehlte mir denn eigentlich?

Außerdem fand ich alles, was erst mal kompliziert erschien, wesentlich spannender und überzeugender als die einfachen Lösungen, denn hey: Etwas so Kompliziertes muss sich ein echtes Superhirn ausgedacht haben, und darum muss es vorteilhafter sein und besser funktionieren, um rundherum Verbesserungen zu erreichen. Für mich waren mental erdachte, wissenschaftlich belegte Lösungen ein sicheres Terrain. Die Sache mit dem Fühlen war gefährlich und unberechenbar.

Ich wollte auf gar keinen Fall wie all die anderen sein

Wenn ich heute darüber nachdenke, dann habe ich mich zu sehr großen Teilen mit Meredith Grey aus der Serie Grey's Anatomy identifiziert. Diese ewige Suche nach Liebe und Anerkennung, dieses Streben nach einem außergewöhnlichen Leben … Ja, damit konnte ich schon immer etwas anfangen. Ein außergewöhnliches Leben würde mir endlich den inneren Frieden und die Freiheit bringen. Und da ich von all den angesprochenen Sehnsüchten eigentlich keine einzige deutlich genug oder lange genug als erfüllt erleben konnte, schien mir mein Leben als verheiratete Frau und Mutter mit dem Beruf als 747-Pilotin noch immer nicht gut genug. Erfolg hin, Erfolg her. Ich war auf der Suche nach etwas. Nach mehr! Und wäre das, was ich vermisste, einfach zu haben, dann hätte ich es doch, oder?

Mein ach so außergewöhnliches, (kompliziertes und überforderndes) Leben nahm Anfang 2020 eine abrupte Wendung, als ich aufgrund von schweren, regelmäßigen Migräneattacken fluguntauglich wurde. Vorbei war die Fliegerei mit allen Annehmlichkeiten und Herausforderungen. Vorbei waren die stolzierten Gänge in dunkelblauer Uniform mit goldenen Streifen am Ärmel über die großen Flughäfen dieser Erde. Vorbei war es mit Shopping in L.A., Yoga in Tokyo, ebenso wie mit Sternschnuppen und Nordlichtern über dem Nordatlantik. Ich wurde einmal auf null zurückgesetzt und durfte herausfinden, warum um alles in der Welt ich auf diese Erde gekommen war und wozu mein Leben gut sein sollte. Mit einem Schlag wurde mir bewusst, wie außergewöhnlich mein Alltag bis zu diesem Zeitpunkt gewesen war, wie lebensfeindlich, anstrengend und egozentriert – und wie sehr ich mir die ganze Zeit selbst im Wege gestanden hatte, indem ich mich weigerte zu akzeptieren, dass das Glück in Wahrheit sehr einfach zu finden ist.

Wenn ich nicht gerade in einem abgedunkelten Zimmer lag und versuchte, meiner Migräne durch Schlaf zu entkommen, befand ich mich in einem Zustand zwischen Trauer, Angst, Faszination und Neugier. Mir wurde sehr schnell bewusst, dass ich unweigerlich gegen diese Wand aus Schmerz rennen musste, um meinen persönlichen Phönix-Prozess erleben und meistern zu können. Mir wurde klar, dass ich gerade mit einem sehr freundlichen, liebevollen und äußerst schmerzhaften Schubs des Universums in ein völlig anderes Leben mit vollkommen neuen Werten und ganz anderen Schwerpunkten katapultiert wurde. Ich fühlte immer stärker, dass das, was mich die ganze Zeit getrieben hatte, mein tiefer Wunsch nach Liebe gewesen war. Ich wollte absolut und mit Haut und Haaren einfach nur gesehen, geliebt, in die Arme genommen, getröstet werden und genug sein. Nicht mehr und nicht weniger. Um es noch konkreter zu machen: Das kleine Mädchen tief in meinem Inneren, das am allerliebsten rosa Kleider trug, noch mit zehn Jahren heimlich am Daumen lutschte und eine unglaublich lebendige Phantasie angefüllt mit Schmetterlingen, Feen, Elfen und Einhörnern hatte, wollte einfach nur von Mama und Papa geliebt werden. Die waren aber zu dieser Zeit ganz ohne böse Absicht mit einer Menge anderer Dinge beschäftigt. Statt tiefe Verbundenheit und Liebe zu lernen, durfte ich bereits als Kind das Überleben üben, genau wie Durchsetzungsvermögen, Leistung, Zielfokus, und erkennen, dass der Tod bereits in der Jugend unbarmherzig seinen Tribut einfordern konnte. Als ich 19 war, starb mein großer Bruder an Leukämie. Wenig später folgte ihm meine erste große Liebe durch einen Motorradunfall. Da ich die Ex war, saß ich heimlich bei der Beerdigung in der letzten Reihe und stahl mich weg, bevor es jemand merkte.

Zu diesem Zeitpunkt hatte ich es schon verlernt, tief zu fühlen. Es gab blinde Flecken, leere Stellen, dumpfe Ahnungen und tiefe Sehnsüchte. Aber keinen echten Kontakt mehr zu mir selbst. Neben der einfachen Wahrheit, dass ich den Weg angetreten hatte, von Mama und Papa gesehen und geliebt zu werden, ohne es selbst zu wissen, hatte ich die beinahe vollständige Trennung zu mir selbst, zu so etwas wie Selbstliebe, Mitgefühl mit mir und Anerkennung meiner vielseitigen Gaben vollzogen. Unbewusst war ich zutiefst von meiner eigenen Unzulänglichkeit und Unerträglichkeit überzeugt, schämte mich aber auch dafür so sehr, dass ich diese Gefühle ins Unterbewusstsein verbannte. Gute Miene zum bösen Spiel. Ein strahlendes Lächeln und ein perfektes Leben nach außen und tiefe schwarze Löcher im Innen. So ist das halt. Meine Erfahrung war: Wer viel fühlt, viel wahrnimmt, sensibel reagiert und das alles auch mit einer kindlichen Weisheit und göttlichen Verbindung zum Ausdruck bringt, der wird beschimpft, ausgegrenzt und zurückgelassen. Und da rede ich ja noch gar nicht davon, was es bedeutet, eine sehr kurvenreiche, weibliche junge Frau unter drei Brüdern zu werden. Alle meine wahrhaftigen Eigenschaften erschienen mir in einer Welt aus Leistung und Survival of the Fittest eher überflüssig oder sogar schädlich bis gefährlich. Die rosa Elfe zog sich sehr, sehr weit zurück.

Erstaunlich einfache Dynamik, oder? Tu dem zarten Mädchen voller Liebe und Lebendigkeit weh und es verschwindet einfach.

Lebendigkeit. Befriedigung. Voll und ganz in der eigenen Haut zu Hause sein und sich für nichts und niemanden mehr verbiegen. Ja! Das hätte ich bereits damals unterschrieben. Das wollte ich. Nur wollte ich deswegen noch lange nicht den Schmerz des kleinen Mädchens erneut fühlen oder schwarze Löcher erkunden. Und ich wollte auch auf gar keinen Fall meinen Job als Pilotin durch zu viele Gefühle oder das „Nicht-Funktionieren" aufs Spiel setzen. Es musste erst eine Migräne vorbeikommen, damit ich mich mit mir, meiner Geschichte und meinen blinden Flecken AKA schwarzen Löchern beschäftigte.

Kein Mensch will an den Ort des Schmerzes zurück. Wenn der Schmerz zu groß wird, dann greifen Schutzmechanismen des menschlichen Organismus, die das Überleben sichern sollen. Sobald eine Erfahrung zu einem echten Trauma wird, verändert sich die Art und Weise, wie unser Gehirn funktioniert, wie Entspannung stattfinden kann (im Fall von PTBS[1] oder einem Burnout so gut wie gar nicht mehr), wie wir der Welt begegnen. Nicht selten macht sich eine erdrückende Taubheit breit, sowohl emotional als auch physisch. Wir spüren uns nicht mehr. Auch die inneren Bilder und die Phantasie verschwinden. Alles liegt unter einer Decke. Das geht so weit, dass der eigene Körper gar nicht mehr wahrgenommen wird.

Dann lebt man zwar, aber lebendig ist man nicht

Wenn ich heute beobachte, wie viele meiner Kundinnen keine echte Wahrnehmung ihrer emotionalen und physischen Empfindungen haben, wie viele Frauen weder ihren inneren oder physischen Schmerz noch ihre tiefsten Sehnsüchte in Worte fassen können, dann frage ich mich, in was für einer Welt wir wirklich leben?!

Über 70% aller Frauen und Männer haben physische oder emotionale Gewalt in ihrer Kindheit und Jugend erlebt. Etwa 1/3 aller Frauen waren sexuellen Übergriffen ausgesetzt.[2] Inwieweit sich diese Erfahrungen in das Verhalten und die Reaktionsmuster eines jeden Einzelnen hineingebrannt haben und das tägliche Leben beeinträchtigen, ist natürlich hochgradig individuell. Genau wie die Frage, wie wir als Erwachsene auf hohe Anforderungen und Stress reagieren und wann es zu viel wird, hochgradig individuell und abhängig von den frühen Prägungen ist.

Wenn ich die Frauen in meinen Kursen beobachte, dann haben sich die unangenehmen Lebenserfahrungen bei vielen, genau wie bei mir, auf den Alltag ausgewirkt. Nicht in der Form einer vollkommenen Dysfunktion, Psychose oder Unfähigkeit, das Leben zu managen, sondern vor allem in der Art und Weise, wie freudvoll, lebendig, befriedigend und erfüllend sich das Leben anfühlt und wie aufrichtig, vertrauensvoll und unterstützend Beziehungen stattfinden können. Wenn es etwas gibt, was ich aus der Arbeit mit den vielen Frauen sagen kann, dann das, dass viele sich in eine mentale Welt flüchten, sich selbst nicht an erste Stelle setzen, sondern zuerst alles für alle anderen tun, um vollkommen erschöpft mit einem schmerzenden, müden und tauben Körper nach dem Sinn des Lebens zu suchen.

Ich finde es erschreckend, dass physische und emotionale Gewalt auch heute noch in dieser „erwachten", „eMANNzipierten"[3] Welt allgegenwärtig stattfindet und als normal empfunden wird. Alleine diese Zahlen von über 70%, deren Heranwachsen zumindest phasenweise sehr herausfordernd bis hin zu traumatisierend war, lässt mir die Kinnlade runterfallen. Sie zeigt, wie absolut durchschnittlich meine eigenen Erfahrungen waren, und lässt mich erahnen, wie fundamental unser Miteinander dadurch beeinflusst wird. Denn wer als Kind kein Mitgefühl und keinen Schutz erfährt, kann das in aller Regel als Erwachsener nur eingeschränkt für andere empfinden und kreieren. Wer ein schlimmes, traumatisches Erlebnis erfährt und es nicht integrieren kann, erschafft immer wieder Erlebnisse, die im Kern dem des Ursprungstraumas entsprechen, ohne sich aus diesem Kreislauf alleine befreien zu können. Der Moment des Schreckens selbst ist dabei noch gar nicht das Problem, sondern das, was im Anschluss passiert. Kann das Erlebnis durch eine physische Handlung integriert werden? Oder stellt es eine vollkommene Überforderung dar, wird deswegen abgespalten und geht hinein in eine unbewusste Wiederholungsschleife?

Wie viele von uns laufen durch die Welt, halten sich für komplett gesund und heile, aber erleben unsägliche Wiederholungen aus Streit und Drama im Alltag? Wir alle tragen jeden Schmerz, jedes Leid, jeden Übergriff, egal ob physisch oder emotional, so lange in uns, bis die dazu gehörige Energie abfließen kann. Irrationale Überreaktionen auf einfache Sachverhalte sowie „zickiges" und verletzendes Verhalten auf Grund von gut gemeinten Hinweisen, können eine Spur hin zu unserem eigenen inneren Schmerz sein. Ein Trigger, der eine unerwartete und heftige Reaktion auslöst, ist ein Anzeichen dafür, dass es da noch ungeweinte Tränen gibt. Man könnte sagen, immer dann, wenn jemand dich so richtig „anpisst", bekommst du eine Chance für Wachstum und Befreiung auf dem Silbertablett präsentiert. Die Frage ist, kannst du diese Chance auch ergreifen? Oder liegt da so viel Scham und Wut und Scham über die Wut obendrüber, dass alles mit fest zusammengebissenen Zähnen wieder die Kehle nach unten gedrückt wird, der Körper versteinert und die gute Miene zum bösen Spiel aufgesetzt wird?

Befreiung und Erleichterung finden oft in Form von Tränen statt. Ich meine damit allerdings nicht die Tränen der blinden Wut oder Frustration oder die Tränen, die du weinst, damit du gesehen wirst, sondern ich meine die Tränen tiefster Aufrichtigkeit und Berührung mit echten Empfindungen.

Blockierte Energie kann natürlich auch ganz einfach durch Kunst und Musik, Bewegung, Atem oder ein Gespräch in den Lebensfluss zurückgebracht werden, aber: Viele Dinge sind passiert, noch bevor wir als Kinder der Sprache mächtig waren. Und das größte Grauen legt das Sprachzentrum im Gehirn einfach still. Das bedeutet, dass es für die Befreiung sehr tief vergrabener Empfindungen u. U. durchaus auch intensive Erfahrungen jenseits von Sprache und manchmal auch intensiver als Malerei braucht, um sie zu befreien.

Für das schlimmste Erleben fehlen uns die Worte!

Darum sind Sprache, genau wie der logisch rationale Verstand, sehr begrenzte Mittel, um die eigenen inneren Prozesse wirklich zum Ausdruck zu bringen und sich selbst von Schmerz, Einsamkeit oder Taubheit zu befreien. Meiner Meinung nach betrifft das nicht nur die schlimmsten Szenarien oder die Verarbeitung von schwerem Trauma (was in die Hände von ausgebildeten Ärzten und Therapeuten gehört), sondern auch ganz alltägliche Dinge. Die Logik schafft es nicht, den wahren Grund hinter sich wiederholenden Beziehungsdramen oder Geldproblemen zu erschließen. Die Ursachen liegen so viel tiefer.

Alles, was wir nicht fließen lassen, alles, was wir nicht fühlen können oder wollen, bleibt im Körper, in jeder einzelnen Zelle. Es verändert unsere Gewohnheiten, prägt unser „Normalnull", auf dessen Grundlage wir Entscheidungen treffen und damit jede einzelne Beziehung, jede berufliche Entscheidung und auch unsere physische Gesundheit. Krankheit ist in aller Regel ein Ausdruck dessen, was der bewusste Verstand nicht wahrhaben will oder nicht verarbeiten kann. Im Angesicht von Überforderung und Hilflosigkeit erschaffen die allermeisten von uns Gewohnheiten und Lebensrealitäten, die ihnen beim Überleben helfen, die aber das Genießen und die Freude zu großen Teilen unmöglich machen. Man erschafft so etwas wie einen eigenen Avatar, der in ständigen Wiederholungsschleifen in einem bekannten Raum seine Runden dreht, ohne den Ausgang zu finden.

Die Informationen, die unser Leben prägen, rühren nicht nur von unseren Kindheitserfahrungen oder schrecklichen Erlebnissen im Allgemeinen her, sondern auch das Grauen und Glück unserer Vorfahren spielt eine nicht unerhebliche Rolle. Das, was die Yogis als Karma bezeichnen, ist nach meinem Verständnis nichts anderes als die Erfahrungen unserer Ahnen, die sich auf die Epigenetik niedergeschlagen haben und unsere gesellschaftlichen Normen prägen. Du kannst dir deine Gene vorstellen wie eine Klaviertastatur. Die Epigenetik entscheidet darüber, ob alle Tasten funktionieren und wie sie gestimmt sind. Es kann sein, dass deine Angst, die Unsicherheit und deine Werte, genau wie deine Zurückhaltung, deine Niedergeschlagenheit oder depressiven Verstimmungen von heute einen Auslöser haben, der 2, 3 bis zu 14 Generationen in der Vergangenheit liegt.[4] Das entspricht einem Zeitraum von etwa 450 Jahren, der dir potenziell in den

Zellen steckt. Das bedeutet 30-jähriger Krieg, Französische Revolution, 1. und 2. Weltkrieg, Inquisition, Hexenverbrennung, Flucht, Verfolgung, Vergewaltigung, Hunger, Unterdrückung, Sklaverei, um nur ein paar prominente Highlights zu erwähnen. Das, was in den Zellen steckt, wirkt sich auf das gesamte Nervensystem, den gesamten Hormonhaushalt und die gesamte Wahrnehmung aus, und du hast es vielleicht gar nicht selbst erlebt. Gleichzeitig macht es eindeutig Mut, dass ein einziges Leben reichen kann, um eine epigenetische Ahnengeschichte von Depression oder Gewalt für die Zukunft vollständig zu durchbrechen. Das, was du heute auflösen und befreien kannst, heilt so viel mehr als nur dich alleine! Du spielst eine wichtige Rolle für alles, was noch kommt! Du bist von Bedeutung!

Wenn du deine eigenen Erfahrungen und das, was deine Vorfahren erlebt haben, so betrachtest und du dich gleichzeitig nach mehr sehnst, mehr Lebendigkeit, mehr Befriedigung, mehr Liebe und Lebensfreude, dann tauchen einige Fragen auf:

Welche Versionen deines Lebens hast du erschaffen, um zu überleben? Was reinszenierst du unbewusst, weil du auf der Suche nach der Erlösung bist?

Und wesentlich wichtiger:

Wie kannst du dir deine Leichtigkeit, deine Gesundheit, deine Energie und deine Lust am Leben wieder zurückholen?
Wie stellst du den Kontakt mit dir selbst wieder her?
Wie kannst du den Kreislauf durchbrechen?

Das waren jedenfalls meine eigenen Fragen. Meine Reise zu den Antworten begann mit heftiger Migräne in einem abgedunkelten Zimmer, sie erstreckte sich über tiefe Erfahrungen durch Yoga, Zen-Therapie, Breathwork und Mindset-Arbeit und endet mit etwas sehr, sehr Wertvollem, was den Beginn einer neuen Reise markiert!

Neu geboren werden

Ich begann, sehr schnell wieder auf meine eigenen Füße zu treten, nachdem mir die Fluguntauglichkeit den Boden weggerissen hatte. Ich meditierte und atmete mich zurück in die Welt. Ich hatte auf einmal Zeit, sehr viele Dinge Revue passieren zu lassen, und das erlaubte es mir, die Fäden meiner Vergangenheit, die Erfahrungen und all das Gelernte zu einem neuen Zopf zu verweben.

Es gibt da die Geschichte der alten, wilden Knochensammlerin im kargen Land,[5] die Stück für Stück die toten Einzelteile eines gelebten Lebens wieder zusammensammelt. Ich selbst fand mich in genau dieser Situation wieder. In meinem Inneren war die Schamanin erwacht, die barfuß durch den Staub lief und Einzelteile aufsammelte, während ich draußen in der Welt mit nackten Füßen durch Wälder und über Sommerwiesen lief.

Mit jedem Schritt vollzog sich eine Verwandlung, die unendlich heilsam und ermächtigend war. Ich schrieb ein Buch über Dankbarkeit, Weiblichkeit und Selbstliebe mit dem Titel „GRACE". Ich vertiefte mich im Yoga, ich wiegte mich im Tanz, ich atmete mich in andere Sphären und ich sang, bis mein ganzer Körper vibrierte. Gleichzeitig verschlang ich jedes spirituelle Buch, jeden wissenschaftlichen und mit Studien belegten Fakt, der Verbindungen zwischen meinen Erfahrungen und den Aussagen der Yogis durch studienbelegte Fakten herstellte. Ich lernte und übte wie eine Verrückte und entdeckte dabei etwas vollkommen Neues: MICH!

Ich erkannte mich, so wie ich vom Tag meiner Geburt an hätte sein sollen. Ich erkannte mich, so wie ich wirklich war. Ich entdeckte, dass alles, was ich erlebt hatte, egal ob Übergriff, Manipulation, Mobbing, Ausgrenzung, Verlust oder Erfolg, Anerkennung und Leistungsfähigkeit einen Beitrag zu dem geleistet hatten, was ich jetzt war, und dass meine Feinfühligkeit, meine Vielseitigkeit und mein unbeugsamer

Wille, immer wieder aufzustehen, mich zu meinem größten Geschenk an mich selbst und an alle Menschen, die sich mir anvertrauen, geführt hatten. Ich strickte aus den einzelnen Elementen etwas Vollständiges, Ganzes, was es in dieser Form noch nicht gab und ich nannte es

DIE GRACE METHODE

Die GRACE Methode ist ein körperbasierter Ansatz, um innere Themen schnell, nachhaltig und liebevoll zu verwandeln und zu heilen, ohne viel darüber reden zu müssen. Dadurch können herausfordernde Erfahrungen verarbeitet und bis zum Ende erfühlt werden, ohne sie zu erneuern und ohne sie zu zerdenken. Die GRACE Methode ist eine transformative, ganzheitliche Methode, um mit Hilfe von Atmung, Bewegung, Haltung, Gesang und Mindset fundamentale Veränderungen im individuellen Wohlbefinden zu bewirken. Die Methode wirkt sowohl Top Down mit Hilfe mentaler Prozesse und Kongruenz von Schoßraum, Herz- und Hirnfrequenz als auch Bottom Up mit Hilfe von konkreten physischen Veränderungen im Nervensystem, Hormonhaushalt und der Gehirnstruktur. Sie berücksichtigt in ihrer Vielfältigkeit das zyklische, weibliche Wesen und die Intelligenz des weiblichen Körpers.

Jedes einzelne Element hat konkrete, vielfach belegbare Effekte auf den physischen Körper, die schnelle Ergebnisse liefern können und darüber hinaus eine enorm große Wirkung auf die psychologisch-emotionale, seelische Innenwelt, sowie die individuelle spirituelle Anbindung und Erfahrung des All-Eins-Seins. Es werden Erfahrungen der Sicherheit im eigenen Körper erzeugt, genau wie Erfahrungen von Selbstwirksamkeit und Verbundenheit. Eigenverantwortung, Grenzen setzen, Wachstum, Erfolg, Gefühle fühlen, die eigene Macht erfahren und die Stimme wieder finden, all das kann mit Hilfe von der GRACE Methode möglich werden.

In dieser Kombination wirkt die GRACE Methode auf alles, was du bist, was du jeden Tag erlebst und was du in der Vergangenheit erfahren hast. Die Methode legt ein vollkommen neues Fundament der Freiheit, der Selbstbestimmung und der Resilienz.

Eine Methode namens GRACE?

GRACE steht für eine Energie, die durch dich hindurch wirksam ist. Für mich persönlich ist das Wort unumstößlich mit den Eigenschaften Anmut und Schönheit verbunden, die dann entstehen, wenn jemand voller Güte, Hingabe, Stärke und Eleganz durch das eigene Leben schreitet. Menschen, die GRACE ausstrahlen, sind in sich selbst zu Hause, sie leuchten voller Selbsterkenntnis und lassen sich durch all den Mist, den der Alltag für jeden Einzelnen bereit hält, weder aus der Ruhe noch vom eigenen Weg abbringen. Sie bleiben sich treu. Sie sind gerecht und aufrecht. Sie sind heile, vollständig und ganz und tragen diese Energie mit jedem Atemzug hinaus in die Welt.

Mein Akronym aus den Buchstaben von GRACE lautet:

Glowing in Receptiveness And Charismatic Emenation.
In der Fähigkeit zu empfangen und zu geben leuchten.

Der weiblich-göttliche Dreiklang durch GRACE

Es gibt drei indische Göttinnen, die meinen Weg begleitet haben. Auch diese drei sind eine Beschreibung von GRACE. Die Göttinnen heißen Kali (Transformation und Wiedergeburt), Lakshmi (Fülle und Liebe) und Sarasvati (Weisheit und Intuition), und jede Einzelne kam wie durch ein Wunder zu mir. Nicht, weil ich wie eine Verrückte in irgendwelchen Büchern las oder sie aktiv gesucht hätte, sondern indem ich aus dem Nichts in Resonanz mit ihnen gegangen bin, und plötzlich ihre Bilder und Namen überall auftauchten. Diese drei Göttinnen stehen für die größten Stärken, die zu jeder einzelnen Frau dazu gehören, die jede Frau wieder in Besitz nehmen sollte und die das Potenzial haben, eine gesamte Gesellschaft zu heilen. Je mehr Frauen in ihrem Selbstverständnis voller Grazie durch diese Welt gehen, desto schneller wird sie sich verwandeln. Denn ob man es wahr haben will oder nicht: Es sind Frauen, die diese Welt maßgeblich prägen! Das liegt daran, dass es biologische Frauen sind, die Kinder gebären, nähren und versorgen. Und selbst wenn du keine eigenen Kinder hast, sind es exakt diese Fähigkeiten, die zu deinen Stärken als Frau zählen und mit denen du jede einzelne Begegnung in deinem Leben verwandeln kannst.

Bei all den Versuchen, diese Welt durch Gendersprache und den Schutz von Minderheiten in einen besseren Ort zu verwandeln, wird der Fakt über die Bedeutung von Frauen für eine Gesellschaft einfach übergangen. Viel wichtiger als ein Gendersternchen in einem geschriebenen Text oder eine Leerstelle in einem gesprochenen Wort ist die Art und Weise, wie Frauen (50% der Bevölkerung!!!!) in ihrer Weiblichkeit (zyklisches Wesen) und ihren tatsächlichen Stärken und Aufgaben wertgeschätzt und unterstützt werden. Warum das so wichtig ist? Weil die Art und Weise, wie eine Mutter ihr Kind behütet, versorgt, beschützt und vertrauensvoll darin bestärkt, eigene Erfahrungen zu machen, einer der wichtigsten Faktoren für eine gesunde, glückliche, selbstbestimmte Zukunft als erwachsener Mensch ist. Die spätere Fähigkeit zu lieben beginnt mit der Oxytocin-Ausschüttung beim Stillen, Kuscheln und Liebkosen eines Babys. Der entscheidende Faktor hier ist die Mutter und es geht über das Baby-Versorgen weit hinaus. Es betrifft alle Frauen, ob mit oder ohne Kind. Gesellschaften, die Frauen bzw. den Faktor „Care", also Fürsorge und Sicherheit, unterstützen, haben deutlich geringere Kosten in Bezug auf psychiatrische Einrichtungen oder Gefängnisse.[6] Eine Gesellschaft sollte Frauen beschützen und darin unterstützen, ihre weiblichen Fähigkeiten von Transformation, Liebe und Intuition (und all die dazugehörigen Eigenschaften wie Nähren, Versorgen, Verbinden, Empfangen, Verwandeln, Erkennen, Kreieren usw.) auszuleben, anstatt sie auf lineare Leistung und Funktion zu drillen, damit sie in einer auf Wachstum und Durchsetzungsvermögen ausgerichteten Welt als die besseren Männer bestehen oder doch zumindest überleben können.

Kali, Lakshmi und Saraswati und in ihrer Gesamtheit GRACE repräsentiert für mich eine körperliche Achse aus Schoßraum, Herz und Hirn. Sobald du in deiner Ganzheit wieder in dir nach Hause gekommen bist, beginnt diese Achse in dir zu arbeiten und ein Wunder nach dem anderen entsteht vor deinen eigenen Augen. So sehr ich die Arbeit von Dr. Joe Dispenza verehre und liebe, so sehr mich die Tatsachen über die Macht der Herz-Hirn-Kongruenz faszinieren, so unglaublich die Macht des Geistes über die körperlichen Funktionen sowie die individuellen Heilungsprozesse ist, so sehr gibt es in mir diese Stimme, die da sagt, dass das Element des Schoßraumes, der weiblichen Sinnlichkeit und die körperlichen Instinkte von Frauen ganz eindeutig auch mit in diese Achse hineingehören und dass es bei der Kongruenz in Wahrheit um einen Dreiklang und nicht nur um einen Zweiklang geht.

Auf der Suche nach dem Flow

Flow ist ein wunderbarer Zustand, denn im Flow sind die Gesetze der Zeit einfach so außer Kraft gesetzt. Im Flow existieren weder Ängste noch Sorgen und alles kann in eine ganz andere Perspektive gebracht werden. Außerdem ist endlich mal Pause im Kopf. Die ewigen Gedankenschleifen, die so gut wie jeden von uns begleiten, haben konkrete Entsprechungen und Netzwerke im Gehirn. Die Yogis nennen diese Gedankenkreise den Affengeist, der ständig hierhin und dorthin springt.

Es gibt ein Netzwerk im Kopf, das dafür zuständig ist, in einer Tour zu sortieren, zu bewerten und zu analysieren. Grundsätzlich ist das eine hilfreiche Sache, denn dieses Sortieren erlaubt es uns, Werte, Normen und Strukturen zu erkennen und aufrechtzuerhalten. Es erlaubt uns zu unterscheiden und zu entscheiden. Es erlaubt uns außerdem zu träumen und Visionen zu spinnen. Blöd ist nur, wenn der Affengeist diese Aufgabe übertreibt und die 60.000-80.000 sich wiederholenden gedachten Gedanken innerhalb eines Tages zu einer unerträglichen vom Unterbewusstsein beeinflussten Belastung aus Sorgen, Ängsten und Zweifeln werden, die alles überschatten. Spätestens wenn man versucht, ganz still zu werden, sich zum ersten Mal auf eine Meditation einlässt oder gezwungen ist, untätig auf etwas zu warten, dreht die Gedankenspirale so richtig auf und der innere Lärm zerreißt so manchem das Trommelfell oder doch zumindest den Geduldsfaden. Darum glauben viele, Meditation sei nichts für sie, Sport, Basteln oder kreative Künste dagegen schon. Der Grund dahinter ist der Flow. Im Flow herrscht Stille. Und das tut so unendlich gut!

Flow entsteht immer dann, wenn durch eine Tätigkeit dem rationalen Verstand und dem Affengeist die Sauerstoffzufuhr gedrosselt wird, weil der Saft des Lebens gerade woanders wichtiger ist. Der Fokus geht mit Körper und Geist voll auf diese eine Tätigkeit, was uns zu unglaublicher Kreativität und Leistung beflügeln kann und gleichzeitig erlaubt, dass der Alltag und die vielen verschiedenen Eindrücke und Anforderungen Zeit bekommen, sich zu setzen und zu beruhigen. Unbewusstes kann ohne Bewertungen und Sorgen an die Oberfläche steigen und in Bewegung oder Kunst ausgedrückt und damit verwandelt werden.

Man nennt den Flow auch Transiente Hypofrontalität, und das beschreibt einen Zustand verminderter Durchblutung des Präfrontalen Cortex im Gehirn. Dieser Zustand entsteht beim Sport und ist u. a. als Runners High bekannt. Er entsteht bei physischen Tätigkeiten, die Konzentration erfordern, er entsteht durch intensive Atmung beim Sex und durch gezieltes Breathwork. Im Flow werden wir ein kleines bisschen übernatürlich, denn wir erhalten Zugriff auf anderes Wissen, andere Fähigkeiten, neue Ideen, tiefe Zusammenhänge und echte Emotionen. Da keine Sortierung oder Abwertung wie sonst im Alltag stattfindet, kann all das viel freier fließen, und die unangenehmen Empfindungen wie Trauer, Wut oder Verzweiflung finden endlich einen heilenden Ausdruck.

Ich erkannte schnell, was mich in den Flow bringt und wie überragend es ist, in bewusster Meditation einen Flow State zu erlangen. Ich wollte den Flow am liebsten jeden Tag den ganzen Tag erleben. Ich liebte das prickelnde Gefühl, wenn ich ganz und gar im Hier und Jetzt meinen vollständigen Körper spürte und mit meiner Welt und meinem Leben im Frieden war. Ich fand unterschiedliche Wege, den Flow zu vertiefen, im Flow meine Aufmerksamkeit zu lenken, durch den Flow meine Grenzen zu verschieben, mit Hilfe von Flow über mich hinauszuwachsen und in diesem Zustand alles herauszuweinen und zu schreien, was ich an Ungerechtigkeiten und Schmerz erfahren hatte, ohne davon in ein tiefes Loch gerissen zu werden. Durch diese Erfahrung, gekoppelt mit meiner körpereigenen Apotheke, die meine Praktiken aktivierten, wurde ich Stück für Stück immer noch mehr ICH, und das ist das Großartigste, was ich in diesem Leben jemals erreichen konnte: tiefe Selbsterkenntnis.

Die einzelnen Elemente der Methode

Atem, Bewegung, Haltung, Gesang und der Cycle of Grace. Eine machtvolle und wirksame Kombination, die keinen Stein auf dem anderen lässt.

Die Magie deines Atems

Alle atmen. Jeden Tag. Rund um die Uhr. Ohne es überhaupt zu bemerken. Dabei ist der Atem einer der größten Schlüssel überhaupt, um das eigene Wohlbefinden zu verbessern. In einer Studie der Buteyko Klinik mit Herzinfarktpatienten stellte sich heraus, dass 100% der Teilnehmer vorwiegend in den oberen Brustkorb und 75% meist durch den Mund statt die Nase atmeten. Ich wähle exakt dieses Beispiel, um ganz einfach zu verdeutlichen, wie machtvoll die Art deiner Atmung in Wahrheit ist und wie sehr es sich auf dich auswirkt.

Warum ist das so? Weil du mit Hilfe deines Atems direkt auf dein Nervensystem einwirkst und dein Nervensystem der Signalgeber für Ruhe, Entspannung und Lethargie oder Aktivierung, Stress und völliger Überforderung ist. Dein Nervensystem ist der Taktgeber dafür, ob du schlafen, dich erholen, Geschehnisse verarbeiten, dein Essen verdauen und deinen Körper heilen kannst. Wenn du ständig in einem aktivierten Zustand durch das Leben gehst, findet weder Heilung noch Regeneration oder Verdauung statt. Aber all das ist eine Grundvorrausetzung für Gesundheit, Lebensenergie und Freude. Die Magie passiert in den Pausen. Das Wachstum entsteht erst nach dem Training. Kinder integrieren und lernen in der Nacht.

Wenn du dagegen gefangen in einer Lethargie, vollkommen erschöpft und ohne jeden Antrieb versuchst, dein Leben auf die Reihe zu bekommen, während du dich gleichzeitig komplett überfordert und gestresst fühlst, als würdest du gleichzeitig auf das Gaspedal und die Bremse treten, dann ist das ein riesiges Alarmsignal mit der Botschaft, deinem Körper zuzuhören und deine innere Balance wiederherzustellen.

Es gibt keinen einzigen Lebensbereich, der nicht von den Auswirkungen von zu viel Stress betroffen wäre, und diese Studie mit den Herzinfarktpatienten ist lediglich die Spitze eines gigantischen Eisberges von Symptomen, die alle direkt über den Atem beeinflusst werden können. Das schließt deine Gefühlswelt, deinen Hormonhaushalt und die Art, wie du denkst, egal ob optimistisch oder pessimistisch, mit ein. Es gibt inzwischen eine Fülle an modernen, von der Wissenschaft untersuchten, hochgradig wirkungsvollen Atemtechniken zur Regulation im Alltag. Egal, ob es darum geht, besser einzuschlafen, den Blutdruck zu regulieren oder mehr Energie und Fokus für ein Business Meeting zu erzeugen. Hinzu kommt eine schier unbegrenzte Fülle an Pranayama Praktiken aus dem Yoga, die ein noch deutlich breiteres Wirkspektrum in Aussicht stellen.

Ein gesunder Atem geht immer durch die Nase bis tief nach unten in den Bauch und von dort in einer harmonischen Welle zurück durch die Nase. Diese Welle geht bis zu deinem Beckenboden, die Bauchdecke hebt und senkt sich, genau wie der Brustkorb sich sanft ausdehnt, sodass Schulterblätter und Schlüsselbein sich zart bewegen. Das Ganze geht sehr leicht, ohne Anstrengung und ohne große Atemgeräusche. Wenn du ein Baby beim Atmen beobachtest, kannst du das ganz wundervoll erkennen. Das ganze Kind scheint sich durch den Atem zu bewegen.

ÜBUNG:

Wenn du willst, dann leg jetzt einfach mal eine Hand auf deinen Bauch, eine auf den Brustkorb, schließe deine Augen und versuche, ohne willentlich etwas zu verändern, deinen eigenen Atem zu beobachten.
Wie atmest du?
Welche Hand hebt sich zuerst?
Welche Hand hebt sich stärker?
Atmest du mehr ein, mehr aus oder ungefähr in Balance?
Wie schnell findet das alles statt?
Und atmest du durch die Nase?

Den Parasympathikus (Entspannung, Heilung, Integration) aktivierst du durch langsame Atmung durch die Nase in den Bauch und längere Ausatmung sowie eine kleine Atempause am Ende des Atemzuges. Den Sympathikus (Aktivierung, Fokus, Leistung) aktivierst du durch schnelle Atmung durch den Mund in den oberen Brustkorb. Zwerchfell und Bauch sind kaum beteiligt.

Die verschiedenen Atemtechniken kombinieren diese Elemente miteinander, arbeiten mit unterschiedlich Geschwindigkeiten der Atmung sowie unterschiedlichen Atempausen. Hinzu kommt die Möglichkeit, die Gedanken unterschiedlich zu fokussieren und dadurch gezielt verschiedene Körperregionen zu beatmen. Im Yoga nennt man die durch den Atem aktivierte Energie Prana. Prana ist Lebensenergie. Spannender Weise lautet das Wort für Seele in derselben Tradition Atman. Das klingt so sehr wie das deutsche Wort atmen, dass ich am liebsten nicht an einen Zufall glauben möchte! Die Zusammenhänge sind alle so viel tiefer und verwobener und doch so einfach.

Dein Atem bringt dich zu deiner Seele!

Wenn man jetzt mal genauer nachschaut, was der Sauerstoff aus der Atemluft auf Zellebene bewirkt, dann stellt man fest, dass die Produktion von ATP (Adenosintriphosphat) direkt mit dem zur Verfügung stehenden Sauerstoff in den Zellen zusammenhängt. ATP ist die Energiewährung der Zellen und je mehr du davon hast, desto fitter und leistungsfähiger fühlst du dich. Je nachdem, wie du atmest, ob durch Mund oder Nase, langsam oder schnell, veränderst du die Menge an Sauerstoff, die es bis in die Zellen schafft. Und das Verrückte daran ist, dass viel und schnell atmen nicht die Lösung, sondern das Problem ist. Du bekommst mehr Energie, wenn du langsam und durch die Nase atmest. Darum gibt es mittlerweile Leistungssportler, die mit zugeklebtem Mund trainieren.

Trotzdem kannst du schnelle Atemtechniken gezielt einsetzen, um andere wünschenswerte und kurzfristige Effekte zu erzielen, wie zum Beispiel den oben beschriebenen Flow. Atem ist ein fester Bestandteil der GRACE Methode und zieht sich neben den isolierten Atemtechniken zu Beginn der Sessions tatsächlich durch das gesamte System.

Die Magie der Bewegung

Sagte ich vorhin Flow? Auch durch Bewegung kommst du in diesen heiligen Zustand. Aber das ist nicht der einzige Grund, warum es in jeder GRACE Session auch körperliche Bewegung gibt. Vielmehr ist es so, dass dein gesamtes Skelett, alle Muskeln, Sehnen, Fasern und Faszien an der Ausschüttung deiner Hormone und der Stimulation deiner Nerven und deines Gehirnes beteiligt sind. So ziemlich jedes Gewebe ist ein Informationsspeicher, der von Energie durchströmt wird. Damit diese Energie fließen kann, musst du dich bewegen. Damit dein Körper eine hormonelle Balance herstellen kann, musst du dich bewegen. Damit du starke Knochen, Muskeln und Sehnen haben kannst, musst du sie benutzen, ansonsten verabschieden sie sich einfach von dir. Wer rastet, der rostet. Use it or lose it.

In der GRACE Methode kommen u. a. Elemente aus dem Kundalini Yoga zum Einsatz. Das liegt daran, dass diese bilateralen, rhythmischen Bewegungen eine einzigartige Wirkung entfalten, die Verbindung zwischen rechter und linker Gehirnhälfte verbessern, was die kognitiven Fähigkeiten fördert und durch Rhythmus im Allgemeinen eine Verbindung zum Körper, zum Leben und zum Hier und Jetzt geschaffen werden kann. Alle Bewegungen des Yoga sind aus der Beobachtung des echten Lebens entstanden, sei es die Entwicklung von Kindern oder die natürlichen Reaktionen auf Stress und Trauma. Dadurch entsteht durch Bewegung ein Zugang zu den Informationen in deinem Körper und auch auf einen Zeitpunkt deiner kindlichen Entwicklung vor der Sprache.

Meine ganz eigene Erfahrung mit Bewegung in Bezug auf die allgemein bekannten Körperchakras ist, dass sie tatsächlich im Alltag entsprechende abgefahrene Wirkung entfalten, was ich früher im Leben nicht hätte glauben können. Mit der GRACE Methode ist es gezielt möglich, die Themen hinter den Chakras, wie Urvertrauen, Sicherheit, Loslassen, Beziehungen, Mitgefühl, die eigene Stimme erheben, Sexualität und die Fähigkeit, Lust und Genuss zu empfinden usw. auf körperlicher Ebene zu bearbeiten. Die Arbeit am Nabelpunkt durch entsprechende den Unterleib stärkende Übungen zum Beispiel hat für mich dazu geführt, dass ich mit wesentlich größerem Selbstvertrauen und eindeutigeren persönlichen Grenzen durch die Welt gehe und gleichzeitig in mir zentriert und klar bin. So sehr ich nach der „Allverbundenheit" strebe und mir bewusst ist, dass Trennung auf gewisse spirituelle Hinsicht nicht existiert, so wichtig ist es doch, sich seiner selbst bewusst zu sein und die eigenen Grenzen in der physischen und energetischen Welt zu erkennen und zu wahren. Wenn ich JA sage, meine ich das auch, und mein Gegenüber spürt das. Wenn ich NEIN sage, meine ich das auch, und mein Gegenüber spürt und respektiert das. In aller erster Linie deswegen, weil ich mich selbst respektiere! Die Veränderungen meines Verhaltens und die Wirksamkeit meiner Worte hat sich nicht über ein Rhetorik Training oder Mental

Training verändert (beides machtvolle, wirksame Tools), sondern vor allem durch meine Arbeit am Nabelpunkt in Verbindung mit meiner Kehle. Vergleichbare Effekte ergeben sich für jedes Chakra und die dazugehörigen Themen. Sobald dein Körper in die Befreiung der persönlichen Geschichte und der Blockaden aktiv miteinbezogen wird, kommen verblüffende Veränderungen im Alltag zustande.

Die Bewegungen sind für die allermeisten Menschen sehr ungewohnt, neu und nicht selten herausfordernd. Gleichzeitig sind sie für jede Körperform anwendbar, und man kann sie auf die jeweilige Voraussetzung anpassen. Mit dem Körper bewegst du die Energie aller Erfahrungen, die du nicht verarbeiten konntest, weil sie zu intensiv waren. Da kommt etwas in den Fluss, ohne dass es Worte braucht. Aber sobald es wieder fließt, kannst du Worte finden, um deine innere Erfahrungswelt mit anderen Menschen zu teilen, und bist auf einen Schlag nicht mehr alleine damit. Das hat extrem befreiende und friedenstiftende Effekte.

Ein entscheidender Unterschied zwischen simplem Sport im Fitnesscenter und der Bewegung mit der GRACE Methode oder Yoga oder mit vergleichbaren Disziplinen, ist die Achtsamkeit, mit der alles stattfindet. Was meine Methode von den alten Traditionen wie Yoga unterscheidet, ist der Cycle of GRACE, auf den ich noch eingehen werde.

Die Magie der Haltung

Im Prinzip kann ich jetzt sehr vieles von dem wiederholen, was ich gerade über die Bewegung gesagt habe, und doch ist die Sache mit der Haltung noch einmal anders. Aber auch hier gilt: Skelett, Muskeln, Sehnen, Faszien und Nervenbahnen wirken alle auf den Hormonhaushalt und auf das Gehirn und fungieren gleichzeitig als Informationsspeicher und/oder Leitbahn. Das plakativste Beispiel für die Macht der Haltung über dein Wohlbefinden ist das Beispiel mit den eingezogenen, hängenden Schultern versus einer aufrechten, geöffneten Brust. Deine Körperhaltung hängt direkt mit deiner Geisteshaltung zusammen und umgekehrt. Die Geisteshaltung zu verändern wird allerdings wesentlich leichter, sobald du den Körper mit einbeziehst.

ÜBUNG:
Vielleicht willst du es direkt ausprobieren. Lass einfach mal deine Schultern hängen, beuge dich nach vorne, mach dich kleiner, als du bist, zieh die Brust nach innen und fühle achtsam, was mit dir passiert. Bleibe 2-3 Minuten und schreibe dann direkt deine Gedanken und Gefühle auf. Als Nächstes tust du das exakte Gegenteil. Richte dich auf. Befreie deine Brust, und wenn du willst, dann stell dich sogar hin, mit beiden Füßen fest auf die Erde. Stemme deine Hände wie Wonder Woman in deine Hüften. Hebe dein Kinn leicht an, damit ein gewisser Stolz in der Haltung transportiert wird. Wenn du Highheels trägst, dann ziehe sie vorher aus. Bleibe 2-3 Minuten in dieser Haltung und schreibe im Anschluss sofort deine Gedanken und Gefühle auf. Jetzt vergleiche, was du geschrieben hast!

Deine Haltung verändert dich

Sie ist wichtig! Einerseits verrät sie, wie es in dir aussieht, andererseits erzeugt sie mehr von dem, was du fühlst. Auch Toni Robbins nutzt das sehr aktiv und wirkungsvoll für sich und seine Arbeit. Sobald du dich bewusst dafür entscheidest, deine Haltung zu verändern, verändert sich die Information, die dein Körper an dein Gehirn weiterleitet. Es ist unmöglich, mit einer stolzen Brust in Trauer zu versinken! Hinzu kommt noch etwas anderes: Auch über Haltungen reaktivierst du Erinnerungen und Energie wird frei. Da du es mit der GRACE Methode bewusst und achtsam tust, kannst du die Energie auch bewusst und achtsam in eine nährende, befreiende Richtung lenken.

Alle Yoga-Richtungen arbeiten mit Haltungen. Sie richten den Körper entlang der Achsen aus und ergänzen in diesem System die natürlichen Bewegungsabläufe und Haltungen, die Kinder von ganz alleine während ihrer Entwicklung vom Säugling bis zum 7-Jährigen ausführen, mit uraltem Wissen über die kosmische Geometrie. Das bedeutet, da, wo die kindliche Entwicklung nicht das Vorbild für eine Haltung war, werden die Winkel, in denen die Sonne auf die Erde trifft und die in der Astrologie mit großer Bedeutung bewertet werden, auf die körperliche Ebene übertragen. In deinem Körper gibt es Entsprechungen für jeden großen Planeten am Himmel, dadurch kannst du auch mit der Positionierung dieser Anteile durch den Körper arbeiten. Dieses System ist komplex und man kann sich nur wundern, wie es den Menschen aus anderen Epochen möglich war, Energiesysteme so vollständig zu durchdringen. In dem Moment, in dem man beginnt, den Körper voller Achtsamkeit in den Haltungen zu spüren und zu verweilen, fängt alles an, einen viel größeren Sinn zu machen. Es erfordert Übung und Wiederholung, aber es ist faszinierend, tiefgreifend und wirksam. Dir wird sich ein ganz neues Universum erschließen.

Die Magie der Stimme

Wie viele Menschen sind felsenfest davon überzeugt, dass sie nicht singen können, und tun es deswegen nie. Das ist so schade! Denn singen und monotones Chanten sind nicht grundlos ein festes Ritual in allen Religionen, Traditionen und indigenen Kulturen aus Osten, Süden, Westen oder Norden. Die eigene Stimme zu erheben ist vielseitig, machtvoll und befreiend. Durch Rhythmus und Wiederholung entsteht etwas gänzlich anderes als durch das schlichte gesprochene Wort. Musik und Gesang hat die faszinierende Eigenschaft, auf alle Hirnregionen gleichzeitig einzuwirken.[7] Sie verschafft eine Erfahrung von Selbstwirksamkeit und Präsenz in Verbundenheit wie nur wenige andere Praktiken. Die Wahrnehmung von Klang und Musik als Verbindung zum Leben und zu anderen Menschen findet bereits im Mutterleib weit vor der Prägung von Sprache statt, weshalb sie uns emotional in den größten Tiefen erreichen und berühren kann.

Singen fördert nachweislich das „Wir"-Gefühl und die Entspannung. Es ist ein wirksames und einfaches Mittel gegen jede Form von Stress, und während du singst oder summst, wird dein Angstzentrum im Gehirn, die Amygdala, beruhigt. Kinder tun ganz automatisch all die Dinge, die Erwachsene unterdrücken. Wenn du wissen willst, was ein gesunder Körper tut, um sich zu beruhigen oder Stress abzubauen, dann beobachte Kinder. Sie fangen intuitiv an zu singen und zu summen, wenn sie Angst haben. Sie fangen an zu tanzen, wenn die Musik ihnen gefällt. Erwachsene schämen sich dafür zu sehr.

Es passiert allerdings noch etwas, wenn du deine Stimme singend erhebst: Es bildet sich in deinen Nasennebenhöhlen eine bis zu 15-fach erhöhte Menge Stickstoffmonoxyd, kurz NO. Dieser Zauberstoff aus der körpereigenen Produktion sorgt für sehr tiefe Entspannung und geschmeidige Blutgefäße. NO fördert die Durchblutung, senkt den Blutdruck, stärkt die Blutgefäße, erhöht die Fließfähigkeit des Blutes und wirkt durch all diese Eigenschaften außerordentlich heilend auf das gesamte Herz-Kreislauf-System und die Gesundheit. Wenn du – während du singst – durch deine Nase atmest, dann atmest du den Zauberstoff, den dein Körper produziert hat, direkt wieder ein und bekommst die volle Wirkung. Wenn du singst und den Mund zum Atmen nutzt, ist die zurückgeführte Menge natürlich geringer, aber dennoch vorhanden.

Wenn du monoton chantest und dich nicht darauf konzentrieren musst, einen Ton zu treffen, dann gelangst du früher oder später in einen tranceähnlichen Entspannungszustand vollkommener Zufriedenheit, der es dir möglich macht, dich und die Welt friedlich zu sehen und gleichzeitig andere Sphären zu erkunden.

Nun hast du alle physischen Elemente der GRACE Methode kennengelernt. Was noch fehlt, ist der vielleicht wichtigste Baustein, weil er alles mit deiner Wahrnehmung, deiner Achtsamkeit und deiner Fähigkeit, dich jeden Augenblick erneut FÜR DICH zu entscheiden, zu tun hat. Es ist …

Der Cycle of GRACE

Ohne diesen Mindset-Kreislauf wäre die GRACE Methode nicht das, was sie ist, und auch nicht in ihrer Art wirksam, wie sie es ist. Unser Geist und das Bewusstsein sind unsere machtvollsten Alliierten oder unsere erbittertsten Gegner. Lerne beides zu lenken und die Welt steht dir offen für die Erfüllung deiner kühnsten Träume!

Damit der Cycle of GRACE wirklich beginnt, Sinn zu machen, möchte ich dir erzählen, wodurch er entstanden ist.

Ich habe in diesem Leben zwei Kinder geboren. Diese Erfahrungen gehören zu meinen intensivsten und sie sind meine größten Lehrmeister. Es waren vollkommen unterschiedliche Erlebnisse, die von unmenschlichem Schmerz, blanker Panik, tiefer Trauer, dem Gefühl der Hilflosigkeit und dem Ausgeliefertsein bis zu den höchsten Höhen der Ekstase und Transzendenz reichen. Meine Kinder zu gebären war der heiligste, ermächtigendste, schmerzhafteste, lustvollste Akt meines bisherigen Lebens.

Als ich das erste Mal schwanger wurde, war alles neu, aufregend und irgendwie auch merkwürdig. Ich verstand schnell, was man als die richtige Art zu gebären bewertete und was als irgendwie „weniger wertvoll" einsortiert wurde. Das Nonplusultra schien die Hausgeburt zu sein. Eine selbstbestimmte, freie Frau macht das heute so, ohne all die klinischen Geräte und Einmischungen. Da ich damals sehr bemüht war, alles „richtig" zu machen, mir eine Hausgeburt aber doch irgendwie eine Nummer zu groß war, entschied ich mich für ein Geburtshaus. Es schien mir ein guter Mittelweg … Allerdings hatte ich diese Rechnung ohne meine Angst gemacht. Ich hatte den Schiss meines Lebens, konnte mir das aber nicht eingestehen. Für mich waren Krankenhäuser ein Ort des Traumas und des Verlustes und durch die lange Krankheit und den Tod meines Bruders gekennzeichnet. Und doch gab es in mir einen Teil, der unbedingt an die Sicherheit des Krankenhauses glaubte und diese Sicherheit auch haben wollte. Ich wusste, dass mein Baby zur Welt kommen musste, aber es gab keinen einzigen geeigneten Ort, an dem ich mich hätte entspannen können. Und so kam es, wie es kommen musste: Alles verlief anders als geplant und es war ein Höllenritt. Mein Körper blieb fest, öffnete sich nur langsam, und ich kam mir vor wie ein verängstigtstes Tier, das in Panik um das Überleben winselt. Ich lernte auf die harte Tour, was es mit mir macht, wenn ich mich gegen die göttliche Kraft, die durch mich hindurchrollen will, stelle. Die Wehen einer Frau sind nichts anderes als ihre wahrhaftige Stärke auf allen Ebenen, gebündelt in ein Ereignis der Schöpfung und Neugeburt. Jeder Mensch hat theoretisch Zugriff auf diese Energie und das Anrecht und die Macht, sie für alles zu benutzen, was sinnvoll und gerecht erscheint.

Frag mich mal, ob ich mich vor, während oder nach der Geburt ermächtigt oder heilig gefühlt habe? Ich fühlte mich verletzt, wund, missbraucht durch die Hebamme, und lediglich ganz am Rande war da Dankbarkeit für mein gesundes Bündel Leben, das schlafend auf meiner Brust lag. Aber noch ein Kind? Nochmal durch diese Hölle???

Als ich das zweite Mal schwanger wurde, wusste ich: So wie beim letzten Mal darf es auf keinen Fall werden. Ich suchte nach Auswegen, begann zu recherchieren, entdeckte Hypnobirthing und die Macht der Atmung, suchte das Gespräch mit meiner ersten Hebamme, um zu verstehen, warum sie tat, was sie getan hat, und ich begann zu üben. Ich übte das Atmen, das Summen, das Tönen, das Stöhnen. Ich übte das Loslassen, das „Mich-gehen-Lassen" und ich lernte ein gehörige Portion „Scheißegal, was die anderen denken!"

Meine zweite Entbindung wurde zu einem erhebenden, göttlichen Erlebnis voller Lust. Während ich bei der ersten Geburt wie von einer Welle unter das Wasser gedrückt wurde und ertrank, schaffte ich es beim zweiten Mal, meine Welle anzupaddeln und sie zu reiten, wie es die Surfer tun. Mein Atem, meine Wehen, mein Körper, diese unfassbare Kraft in mir, alles verschwamm und wurde zu etwas vollkommen Neuem. Das Meer, der Ozean, die Wellen und ich, wir wurden eins. Ich ließ es geschehen und gab mich mit Haut und Haaren meinem eigenen Körper hin. Niemand wagte es, meinen Zustand zu unterbrechen, dafür sorgte mein Mann, und nach nur 40 Minuten im Kreißsaal war ich ein zweites Mal Mutter geworden. Eine Mutter mit Freudentränen auf den Wangen.

Ich hatte zum ersten Mal erlebt, was Hingabe wirklich bedeutet und zu was sie uns befähigt

Jahre später sollte aus dieser Erfahrung der Cycle of GRACE entstehen, den ich dir gleich vorstelle. Der Cycle of GRACE setzt sich aus vier einfachen Schritten zusammen, die sich permanent und multidimensional wiederholen und die dich, wenn du es schaffst, dich darauf einzulassen, Schritt für Schritt auf einer Spirale des Glücks Ebene für Ebene nach oben heben.

1. Definiere deinen Status Quo

Was ist JETZT da und will erlebt werden? Wo stehst du? Was bringen dein Körper, diese Lebenssituation und dieser Moment für Voraussetzungen mit sich? Das beinhaltet sowohl den gesundheitlichen, physischen Zustand als auch die allgemeinen Lebensumstände und Beziehungen. Deinen Status Quo zu ermitteln bedeutet, radikal ehrlich mit dir selbst zu werden und die Sachlage anzuerkennen. Keine Ausreden mehr, auch kein Schönreden. Keine Entschuldigungen. Sieh hin!

Dieser Schritt ist ein sehr sachlicher Schritt, der ohne jede Bewertung auskommt. Du musst wissen, wo du stehst, damit du da hingehen kannst, wo du eigentlich sein möchtest. Das geht nur durch diese Aufrichtigkeit mit dir selbst. Standortbestimmung. Wer im Flugzeug in den Wolken die Orientierung verliert, der hat schlicht keine Ahnung, in welche Richtung es weiter gehen muss oder wo oben und unten ist. In einer solchen Situation hilft es nicht, den Kopf in den Sand zu stecken. Anerkennen, fokussieren, handeln. Es reicht, kurz die Augen zu schließen, sehr tief durchzuatmen und dann den vollen Fokus auf ein einziges Instrument zu richten: den Horizont. Für dich in deinem Leben bedeutet das, dass du bei deinem Status Quo nicht alles auf einmal anerkennen musst, und du musst auch zu diesem Zeitpunkt gar nichts nachvollziehen oder erklären können. Es reicht, tief durchzuatmen, anzuerkennen und dann den Fokus auf den folgenden Schritt zu lenken:

2. Finde deine Form

Es gibt dich durch alle Zeitalter nur ein einziges Mal in dieser Ausprägung, mit diesem Körper und diesen Erlebnissen. Welche Form brauchst du in diesem Moment? Der Fokus liegt nur auf dir. Es geht um dich mit dir. Keine der Stimmen in deinem Kopf spielt eine Rolle. Keine Story und schon gar nicht das, was andere sagen, ist irgendwie wichtig.

Deine Form zu finden ist die vollumfängliche Erlaubnis, das zu tun, was du in diesem Moment wirklich brauchst, auf die Art und Weise, wie es deinem Körper entspricht und deine Seele nährt. Ganz banal bezogen auf eine sitzende Position zum Meditieren bedeutet das für sehr viele Menschen, dass ein Kissen auf dem Fußboden nicht die richtige Form ist, weil die Knie weh tun, die Wirbelsäule sich nicht gerade aufrichten kann oder die Füße einschlafen. Trotzdem zwingen sich fast alle in diese Haltung, weil „man" das so macht.

Um eine alternative Form zu finden, identifizierst du zuerst, worum es bei einer Sache überhaupt geht. Beim Meditieren im Sitzen sind die wichtigsten Aspekte die Erdung, die Stabilität und die Aufrichtung der Wirbelsäule. Bei bewegten Meditationen kommt noch der Aspekt der Beweglichkeit hinzu. Mit diesem Wissen eroberst du dir eine eigene Haltung auf einem Stuhl, einer Bettkante, oder du nimmst dir so viele extra Polster, wie du sie brauchst. So einfach ist das. Dieses Prinzip kannst du für so ziemlich alles anwenden.

In deiner Form, die für dich funktioniert, wird es viel leichter, die ersten Schritte zu gehen, um dort anzukommen, wo du hinmöchtest. Aber bereite dich mental darauf vor, dass das Leben und auch die GRACE Methode, egal was du tust und egal wie angenehm und richtig die Form ist, Herausforderungen für dich bereithält.

Wenn du deine Form hast, dann geh los und erobere die Welt bzw. fang an, mit GRACE zu üben, bis die Herausforderungen da sind. Ich nenne sie:

3. Die Schwelle

Hier passiert die Magie, hier trainierst du dein Nervensystem, verwandelst deine Erfahrungen und Traumata in Geschenke, befreist dein Unterbewusstsein und heilst die Ahnenlinie. Die Schwelle ist so ziemlich alles, was dich fordert, was dir unangenehm ist oder wie ein Trigger fungiert, der altes Erleben aus der Versenkung herausholt, während dein physischer Körper tatsächlich hier und jetzt in Angst und Schrecken versetzt wird. Die Schwelle kann physische Taubheit sein genau wie Langeweile, es kann körperliche Anstrengung sein, ein sanfter Dehnungsschmerz beim Yoga bis hin zu den Empfindungen einer Wehe bei der Geburt eines Kindes. Die Schwelle ist auch die Grenze zwischen „Kenne ich schon" und „Das ist neu für mich".

Die allermeisten Menschen haben die Tendenz, solche Schwellen so schnell sie können zu verlassen, und der einfachste Weg, das zu tun, ist der Rückzug ins bekannte Terrain. Ein entscheidender Punkt an den Schwellen des Lebens ist die Frage danach, ob du freiwillig dahin gegangen bist oder das Leben dich dorthin gezwungen hat. Diese Unterscheidung verändert bereits, wie du auf die Schwellen reagierst. Ein weiterer Aspekt ist, ob du dich handlungsfähig und in deiner Macht fühlst oder ob du Überforderung und Ausgeliefertsein empfindest, während es gerade unangenehm wird. Eher öfter als seltener können wir selbst darüber entscheiden, ob wir den Pfad der Überforderung oder Ermächtigung einschlagen, nur hat uns das niemand verraten.

Ich muss an dieser Stelle mit dir zurück zu meinen zwei Entbindungen gehen, denn die Geburt eines Kindes ist definitiv ein unausweichlicher Event mit sehr hoher Intensität. Mal eben wieder zurück aufs heimische Sofa mit Eiscreme und Netflix ist keine Option.

Ich habe beide Kinder natürlich und spontan im selben Kreißsaal und ohne Schmerzmittel zur Welt gebracht. Einmal war es ein traumatisierender, beschämender Höllenritt, einmal ein transzendierendes, ermächtigendes Erlebnis. Der entscheidende Unterschied war, dass ich mich beim ersten Mal von meiner Angst leiten ließ und mich vollkommen überfordert und hilflos fühlte, während ich das zweite Mal wusste, wie ich durch meinen Atem und Konzentration meines Geistes absolut handlungsfähig in einer unausweichlichen Situation bleiben konnte. Mit Hilfe meines absoluten Fokus auf meinen Atem, meinen Körper und dem inneren Bild einer sich öffnenden Blüte in meinem Schoß gelang es mir, mich mit Haut und Haaren mir selbst hinzugeben und die Kraft der Wehen lustvoll durch mich hindurchrollen zu lassen, ohne von ihnen erdrückt zu werden. Anstatt zu kämpfen oder aufzugeben, gab ich mich hin und wurde vollkommen weit und weich.

Was meinst du, was mit deinem Leben passieren würde, wenn du das lernen könntest?

4. Hingabe an den Moment

Du atmest lang und tief und bleibst, ohne auszuweichen. Kein Zappeln. Kein Zurückgehen. Keine Bewertung der von innen her auftauchenden Empfindungen. Eine Frau in den Wehen hat keine Wahl, außer sich den Wehen hinzugeben und sich dort mit allem, was sie ist, hinein zu entspannen. Das Leben selbst wirft dich in Situationen, in denen der einzige Weg mitten durch das Unaussprechliche führt. Die einzige Wahl, die in der Ausweglosigkeit übrigbleibt, ist, die Art, wie du mit den Gegebenheiten umgehst. Worauf lenkst du deinen Fokus? Wie atmest du? Und wie kannst du dadurch deine Körperfunktionen beeinflussen? Du kannst kämpfen (manchmal eine sehr gute Idee), du kannst versteinern oder du kannst dich der Schwelle anvertrauen und weich werden. Wenn eine Frau in den Wehen das nicht tut, wird sie nicht weich, sondern versteinert aus Angst. Dann haben Geburtswehen die Kraft, ihren physischen Körper bei lebendigem Leib zu zerreißen oder sie sogar umzubringen. Die Kraft, die in einer Wehe steckt, ist die Kraft von GRACE (Kundalini, Urkraft). Sie ist so viel größer, als wir es uns vorstellen können oder es gewohnt sind. GRACE wirkt durch dich in dem Maße, in dem es dir gelingt, beweglich wie Wasser dein ganzes Sein in eine Situation hineinfließen zu lassen. Was es dafür braucht, ist absolute Präsenz und Hingabe. Es ist möglich, das zu lernen.

Sobald du nur ein einziges Mal an einer Schwelle den Weg in die absolute Hingabe gefunden hast, öffnet sich dir ein Universum an neuen Möglichkeiten. Dein Status Quo hat sich verändert. Deine Form ist eine andere geworden und der Weg, den du von hier aus weitergehen kannst, wird dich Schritt für Schritt immer mehr zu dir selbst in absoluter Freude, Freiheit und Befriedigung führen.

Es ist dein Geburtsrecht, glücklich, gesund und ganz zu sein, und du bist die einzige Person, die dazu in der Lage ist, dieses Recht für dich einzufordern!

Wenn du jetzt mehr über mich und meine Methode erfahren willst, sie vielleicht sogar in einer kostenlosen Gratis-Session ausprobieren möchtest, dann besuche mich auf www.carolinlimburg.de und auf Social Media. Ich freu mich auf dich!

SEI WILD
SEI FREI
SEI DU

Fühle DICH geliebt
Carolin

3
—

»Die Anatomie der Seele
—————————

hat eine ganz eigene
—————————

Ordnung und
—————————

erfüllt dennoch alles...«
—————————

SonJA Müller

Betriebswirtin (VWA), Archetypen Coachin
Trance Healing Medium

Mit ihrer Begeisterungsfähigkeit nimmt SonJA dich mit auf einen ganzheitlichen Spaziergang durch dein Leben. Mit ihrer großen Erfahrung als Führungskraft, aber auch mit Passion, Energie & Liebe setzt sie sich dafür ein, dass du deine innere Energie und deinen Seelenweg entdeckst und l(i)eben lernst! Sie holt, zusammen mit dir und dank ihrer spirituellen Art, deine Sterne auf die Erde.

Ihr Herzenswunsch ist es, dass du erkennst,
dass alles in uns selbst beginnt, Liebe immer die beste Antwort ist,
„BE your Energy®" einfach Sinn macht,
Spiritualität mit Business kompatibel sind.
Kommst du mit?

sonjamueller.biz

Auf einen Spaziergang

mit dir!

SonJA Müller

Authentisch ME verbinde ich mit meiner Methode: „BE your Energy®
– Lebe DEINE Potentiale, DEINE Energie, DEIN Leben!"

Was bedeutet es nun aber für dich, für mich oder für uns?
Frag mal dein Gefühl! Fühlst du dich wohl in deiner Rolle bzw. Haut,
deinem Umfeld, in dem du lebst? Welche Menschen sind aktuell in
deinem Leben? Bist du gerade jetzt in deiner Kraft und fühlst dich
gesund, oder fühlst du dich schlapp, energielos oder bist sogar ernsthaft krank? Gehörst du gesellschaftlich dazu oder fühlst du dich wie
das fünfte Rad am Wagen? Hast du manchmal das Gefühl, irgendetwas stimmt nicht mit dir?

Irgendetwas fehlt! Du schiebst Entscheidungen vor dir her, oder es
fallen dir diese schwer. Du bist orientierungslos und fragst dich, wofür
mache ich das? Wo ist die Anleitung für (m)ein schönes Leben? Für
meinen ganz persönlichen Erfolg!

Wahrscheinlich kommen jetzt direkt tausend Gedanken hoch, Emotionen. Nimm sie wahr! Noch besser schreibe sie dir auf. Spüre gerne
mal tiefer in dich hinein. So eine Standortbestimmung kann Wunder
auslösen und wahnsinnige Erkenntnisse bringen. Wie oft hetzen wir

durch unser Leben, ohne kurz innezuhalten, von Termin zu Termin. Wir erledigen alles, von dem wir denken, was wir tun müssen, oder was von uns erwartet wird. Gleichzeitig wollen wir irgendwie erfolgreich sein, wollen alles unter einen Hut bekommen. Du kannst dich weiter mal fragen:

Warum bedeutet Erfolg für mich so viel?
Warum tue ich, was ich tue?
Warum lebe ich mein Leben gerade, wie ich es lebe?
Was ist mir wichtig?

Lass uns diese Fragen so beantworten, dass wir die Kraft unserer Bestimmung entfachen und ehrlich und authentisch mit uns sind! Es geht nicht darum, dass alles immer voll schön und leicht ist. Es geht darum, dass du mit den Nicht-so-genialen-Momenten so umgehst, dass sie WOW und EASY werden, und du für dich ein System erkennst, wie du genau für DEIN Leben solche Momente kreieren kannst. Denn in deinem Leben geht es erst mal um dich! Ja, und dies soll nicht egoistisch klingen, aber erst wenn du dich erkennst, kannst du für andere da sein und auch für dich selber. Deswegen lade ich dich zu diesem Spaziergang mit dir ein, um dich und andere zu erkennen.

Sei dir selbst bewusst

Unser Verstand fragt: „Wie mache ich das?" Die Antworten werden wir im Laufe des Buches finden – vertraue darauf! Doch wer sagt uns überhaupt, dass wir auf unseren Verstand hören sollten. „Ich will es jetzt ändern." „Ich will es so nicht haben." Kommt oft von einer Stimme in uns. Hörst du diese Stimme? Nimmst du sie ernst? Wie wäre es, wenn du dich mit deiner inneren Stimme in dir verbinden könntest und verstehen würdest, was sie dir sagen will? Und dann ist da oft der Widerstand, weil wir nicht in der Annahme und im Vertrauen sind, dass die Stimme es gut mit uns meint oder dass es wirklich so einfach gehen kann und darf. Verändern wir das, verändert sich alles!

Es passiert vielleicht nicht gleich in dem Moment, indem du es herbeiführen willst. Hab Geduld und lerne, auf dein Herz zu hören. Bleib im Vertrauen, dein Herz kennt den Weg.

Du kannst mit den oben genannten Fragen mal alle Lebensbereiche einzeln durchleuchten. Vielleicht kennst du die Grafiken vom Rad des Lebens oder die verschiedenen Lebensbühnen, die im Laufe deines Lebens unterschiedliche Bedeutungen haben.

Hier findest du den Link:
www.sonjamueller.biz/authentischME
mit einer kleinen Anleitung, die dir dabei behilflich sein kann. Ansonsten forste einfach alle deine Bereiche durch, entweder schriftlich oder in Gedanken, die du verändern möchtest.

Wer tiefer gehen möchte, findet als Geschenk auf meiner Homepage den Link zu einer Meditation, die dich tief mit dir verbinden kann, damit du einen besseren Zugang zu deinen Herzensthemen findest.

Wandere nun durch die einzelnen Lebensbereiche – wie beispielsweise Familie, Beruf, Ziele, deine Art zu leben – und spüre hinein. Sind diese aktuell so, dass du dich hier in der Kraft und Energie fühlst? Kommen dir noch neue Fragen in den Sinn? Dann tausche dich gerne mit einer vertrauten Person aus und wähle die Fragen und Lebensbereiche aus, die dir wichtig sind. Nimm ganz wertfrei wahr und beobachte dich mal, wann hast du dies das letzte Mal getan? Deine Seele wird sich so freuen, wenn sie sieht, dass du den Kontakt suchst und den Einklang herstellen möchtest. Wie geht es dir mit der Beobachtung? Bist du zufrieden mit dem Ergebnis oder erkennst du, dass du noch Talente und Potentiale versteckt hältst?

Jeder Mensch bringt bereits bei der Geburt Talente und viele Potentiale mit. Teilweise gehen diese im Laufe des Lebens verloren oder werden überlagert.

Die universellen Gesetze

Es gibt Dinge im Universum, die wir nicht sehen können, und trotzdem sind sie da, z. B. der Schall oder die Erdanziehungskraft. Genauso wirken auch bestimmte Gesetzmäßigkeiten auf unser Leben. Die universellen oder hermetischen (verschlossenen) Gesetze haben hier einen großen Einfluss auf uns. Diese sind seit über 4.000 Jahren entdeckt und niedergeschrieben worden.

Vielleicht hast du von den sieben geistigen Gesetzen schon einmal gehört. Diese sind:

1. Gesetz der Geistigkeit
2. Gesetz der Analogie
3. Gesetz der Schwingung
4. Gesetz der Polarität
5. Gesetz des Rhythmus
6. Gesetz der Kausalität
7. Gesetz des Geschlechts

Lass uns nun durch die sieben Gesetze spazieren, damit du verstehen kannst, wie die Wirkung auf dein Leben ist.

Das erste Gesetz ist so etwas wie die Basis. Wer es verinnerlicht hat, versteht die Wirkungsweise des Universums. Alles im Universum ist geistig. Das Gesetz der Geistigkeit lautet: „Das All ist Geist; das Universum ist geistig" (Kybalion). Es gibt eine beseelende Kraft und Energie, die alles durchströmt. Diese Kraft hält den Organismus (Körper) zusammen. Hier setzt unter anderem auch die Quantenphysik an. Für jeden von uns bedeutet es – alles entsteht im Geist, auch die

Grenzen. Ich bin der Schöpfer/die Schöpferin meines Lebens. Und mein Leben ist grenzenlos – alles was ich mir im Geiste vorstellen kann, kann in die Materie kommen. Deswegen funktionieren Meditationen bzw. Manifestation, wenn wir uns richtig verbinden. Es gibt destruktive oder auch konstruktive Kräfte, die wir freisetzen können, die Entscheidung hat hier und bei allen weiteren Gesetzen und Energien immer der Mensch. Es gibt Verbindungen, die dein ganzes Leben andauern, z. B. die Seele ist für dieses Leben an deinen Körper gebunden. Dieser kleine Anteil am Universum wohnt in dir.

Das zweite Gesetz der Analogie besagt: „Wie oben, so unten; wie unten, so oben" (Kybalion), bzw. wie innen so außen; wie im Kleinen so im Großen; wie das Materielle, so das Immaterielle.

Wir unterteilen dies in die drei Ebenen, die wir unterschieden können:

- Die materielle Ebene
- Die mentale Ebene
- Die spirituelle Ebene

Zwischen den verschiedenen Ebenen entstehen immer Analogien. Wir können durch dieses Gesetz Zusammenhänge erkennen, die uns sonst verborgen geblieben wären. Wir können hier sehen, dass unsere innere Welt unsere äußere erschafft. Oft wird gar nicht erkannt, was alles zusammengehört. Paracelsius hat schon vor langer Zeit auf der Analogieebene gearbeitet. Er hat z. B. erkannt, dass Blut der Lebenssaft ist. Eine Brennnesselkur wurde zur Reinigung benutzt. Seine Analogie war: Rot ist die Farbe des Blutes, Blut ist der Lebenssaft, die Pflanze dazu ist die Brennnessel, und deswegen wurde sie zur Behandlung eingesetzt. Auch heute finden diese Analogien noch Anwendung und lassen sich weiter fortführen auf Edelsteine, Gerüche, Tiere usw. Im Einklang mit deinem ganz persönlichen Lebensauftrag hier auf Erden zu sein, bedeutet, in deiner ganz eigenen Analogie und Energie zu sein.

Dann bist du energetisch durchpulst und voll in deiner Energie. Dies kannst du ganz einfach für dich in jedem Lebensbereich prüfen. Wo fühlst du dich glücklich und wo nicht? Teilweise wird dieses Gesetz auch das Gesetz der Anziehung genannt. Anziehung allein, auch wenn dies oft so erklärt wird, reicht jedoch nicht aus. Nur mal eben positiv zu denken und alles fügt sich, ist dann leider doch zu wenig. Es ist die Summe an Gedanken/Handlungen und Entscheidungen, die Ergebnisse herbeiführt.

Für dich bedeutet das:

- **Alles, was dir begegnet und starke Gefühle in dir auslöst, spiegelt dich**
- **Du trägst die Verantwortung für dein Leben**
- **Die Macht über deinen Lebensweg ist grenzenlos**

Nur so zu tun als ob, ist noch nicht ausreichend. Denken und innere Haltung müssen übereinstimmen – Authentisch ME ist hier auch Voraussetzung ☺. Versuche nicht jemand anders zu sein, sei du selbst – aus tiefem Herzen. Be your Energy® – sonst unterdrückst du dein Sein und tust etwas, was nicht in Übereinstimmung steht. Ich für mich mache bezüglich meiner Haltung und Wirkung keine Kompromisse mehr. Liebst du dich? Bist du eine Wohltat für dich und damit dann für dein Umfeld? Oft sind wir hart mit uns selbst und verurteilen uns. Dies übertragen wir sogar noch auf unsere Außenwelt. Wie sieht die Realität in deinem Inneren aus? Schließe Frieden in dir und lasse so auch Frieden in deinem Umfeld bzw. in der Welt entstehen.

Das dritte Gesetz der Schwingung bedeutet: „Nichts ruht; alles ist in Bewegung, alles schwingt" (Kyballion). Alles ist bis in die kleinste Frequenz in Schwingung. Inzwischen ist dies auch wissenschaftlich physikalisch bewiesen. Dies hat für uns natürlich auch eine Konsequenz. Leben ist immer ein dynamischer Prozess. Wir sind Schwingungsgeber und Energieerzeuger zugleich und sollten uns dessen bewusst sein. Dein inneres Verhalten wirkt wie eine Senderstation von einem Handymast. Vielleicht hast du schon mal beobachtet, wie deine aktuelle Stimmung auf andere wirkt oder abfärbt bzw. du dich von anderen Stimmungen beeinflussen lässt. Sichtbar kann man dies Gesetz durch kinesiologische Tests machen, z. B. den Armtest.

Die Schwingung hat einen unmittelbaren Einfluss auf die Umgebung. Sei hier besonders achtsam. Wir können bereits durch Gedanken uns und andere verletzen oder natürlich auch positiv unterstützen. Sei offen und frei für die Meinung und das SEIN der anderen. So kann Wachstum geschehen! Beobachte mal deine Gedanken und werde dir ihrer bewusst. Nimm es wahr und du kannst es verändern, wenn es dir nicht gefällt, oder auch bekräftigen.

Stell dir doch mal vor, du kommst den ersten Tag hier bei uns auf der Erde an und schaust dich um. Du bist völlig unvoreingenommen und kennst noch gar nichts. Wie könntest du die Dinge um dich herum ganz neutral wahrnehmen. Du kannst es auch bei Menschen oder Pflanzen ausprobieren – lass dich überraschen, was geschieht, wenn du mal völlig wertfrei schaust und dich von der Schönheit und den Dingen, die da sind, völlig neu überraschen lässt. So können neue Sichtweisen entstehen – lass den Geist frei werden.

Für dich ist hier wichtig:

- Alles ist veränderbar
- Meine Gedanken und Gefühle erschaffen meine Schwingung
- Meine Schwingung erschafft meine Realität
- Liebe ich mich, werde ich geliebt werden

Das vierte Gesetz der Polarität lautet: „Alles ist zweifach, alles ist polar; alles hat seine zwei Gegensätze; gleich und ungleich ist dasselbe; Gegensätze sind ihrer Natur nach identisch, nur in ihrem Grad verschieden; Extreme gegeneinander; alle Wahrheiten sind nur Halb-Wahrheiten; alle Paradoxa können in Übereinstimmung gebracht werden" (Kybalion). Ohne die Polarität gäbe es keine Lebendigkeit. Es gibt immer gegensätzliche Paare – diese bedingen einander immer. Die einfachste und erste Polaritätserfahrung ist das Ein- und Ausatmen für jeden von uns. Würdest du eine Seite davon wegnehmen, wäre das Leben nicht mehr möglich. Dies ist auf alles Weitere zu übertragen.

Weiblich oder männlich sind auch Beispiele hierfür – es gibt immer eine befruchtende und empfangende Seite. Beide sind notwendig, um das Leben auf Dauer zu erhalten. Vieles im Leben können wir nur aufgrund des Gegenpols wahrnehmen. Wir können Liebe nur gut fühlen, wenn wir auch Hass im Leben erlebt haben. Du kannst das Licht nur erkennen, wenn du auch die Dunkelheit kennst.

Du hast immer die Wahl und darfst wählen, welche Seite du bevorzugst. Du kannst nie zu 100% nur eine Seite leben. Die Polarität wird für die Erkenntnisse benötigt, die in der Einheit nicht möglich sind. In der Einheit ist alles enthalten, wie in einem Samenkorn ist die gesamte DNA der Pflanze enthalten. Jedoch ist vollständige Einheit hier auf der Erde nur kurz möglich (z. B. bei einem Orgasmus, dies ist unsere kleine Einheitserfahrung hier auf der Erde ☺).

Unsere Erfahrungen benötigen die Polarität für die Reflexion. Das ICH benötigt die Polarität für seine Wahrnehmungsfähigkeit. Achte darauf, dass du nicht in die Einseitigkeit rutschst. Die jeweils andere Seite dieser Polarität ist ebenfalls irgendwo in dir (auch wenn du es nicht direkt spürst und wahrnimmst). Vielleicht ist der Teil verdrängt oder zugedeckt worden. Es zeigt sich dir daher immer nur die halbe Wahrheit, wenn du nicht darüber im vollen Bewusstsein bist. Es ist wichtig zu schauen, was uns im Außen auffällt, und wahrzunehmen, wo wir einseitig bewerten. Im Sinne der Polarität kommt der Gegenpol manchmal auch über die eigenen Kinder oder das nahe Umfeld in dein Leben. Der Gegenpol ist immer attraktiv und abstoßend zugleich. Die alles verbindende Kraft ist die Liebe, die für uns wohlwollend Erkenntnisse möglich macht. Und die uns Erfahrungen leichter annehmen lässt.

Das ist für dich wichtig:

- Alles ist positiv und negativ
- Alles, was ich als schlecht bewerte, besitzt auch eine gute Seite
- Ich habe immer die freie Wahl über mein Denken und Fühlen
- Was ist das Gute im Schlechten?
- Welche Seite möchte ich betonen?

Das fünfte Gesetz des Rhythmus lautet: „Alles fließt; aus und ein; alles hat seine Gezeiten; alles hebt sich und fällt; der Schwung des Pendels äußert sich in allem; der Ausschlag des Pendels nach rechts ist das Maß für den Ausschlag nach links; Rhythmus gleicht aus" (Kybalion). Dieses Gesetz ist eng mit dem Gesetz der Schwingung und der Polarität verbunden. Alle sieben Gesetze sind eng miteinander verwoben. Hier geht es um die Wechselseitigkeit. Tag und Nacht – Ebbe und Flut – Sonne und Mond …

Schlaf ist z. B. sehr wichtig für den Organismus und ist hier die ausgleichende Funktion. Diese wird benötigt, damit der Gegenpol entstehen kann. Wie leicht kannst du einschlafen? Fällt es dir schwer? Dann schau, dass du andere Hirnareale vor dem Schlafengehen aktivierst. Wie kommst du zur Ruhe und weg vom Müssen-müssen? Gib dir die Erlaubnis, vom Druck loszulassen, und gib dich deinen Gefühlen und Stimmungen hin. Auch diese dürfen sich ändern und können heute so und morgen so sein. Sei dir dessen bewusst. Besonders Gefühle sind im Fluss und können sich auch mal ändern und weniger stark sein. Stell dich hier nicht in Frage und sei dir des Gesetzes des Rhythmus bewusst. Selbst in der Gefühlswelt gibt es Ebbe und Flut. Auch beim Profi-Training wird darauf geachtet, bei den Muskeln möglichst alle zu trainieren, damit keine Einseitigkeit entsteht, hier wird das Gesetz auch angewendet. Zyklus und Rhythmus sind ein Gesetz, aus dem man nicht aussteigen kann, Alles hat seinen Ausgleich, Nach dem Abschwung kommt mal wieder eine Hochphase und umgekehrt. Diese Erkenntnis kann dir die Angst nehmen. Schau dir alles aus einer gewissen Distanz an. Wo liegt deine Identifikation mit der Angst in deinem Leben? Wer entscheidet, wie du dich fühlst? Denke mal daran, wie glücklich Menschen sind, die wesentlich weniger materielle Dinge haben. Auf einer Reise nach Thailand fiel mir auf, wie glücklich dort die Menschen leben können, auch wenn sie nicht so viele materielle Dinge besitzen. Eine wundervolle und erhellende Beobachtung für mich, an die ich mich immer wieder bewusst erinnere.

Materie kann dich nie glücklich machen. Mach dich davon unabhängig. Komm bei dir an und „BE your Energy®". Mach dich doch einfach selber glücklich! Hierbei kann dir helfen zu schauen, wie du aufgewachsen bist und was für dich selbstverständlich ist und war. Wo kommst du her, was hast du erlebt und was hat dich geprägt? Auch die gesellschaftlichen Normen und Werte sind Einflussfaktoren und hier ein Gradmesser in deinem Unbewussten. Welche Werte hast du für dich und für dein Leben definiert bzw. übernommen?

In der Zukunft – im neuen Zeitalter – geht es im Allgemeinen immer mehr darum zu verstehen, wie wir gemeinsam in der Gemeinschaft glücklich sein können. Mehr hin zum WIR. Wenn du mit diesem „Zielwert" auch dein Leben ausrichtest, kommst du auch mit diesen kollektiven Energien mehr in Einklang.

Bei der Standortbestimmung und im Leben allgemein sind Pausen wichtig, sonst erhältst du keine Wirkung. Stell dir ein Musikstück ohne Pausen vor – wie würde es auf dich wirken? Würde das nicht unheimlich anstrengend und unharmonisch sein? Rhythmen und Pausen geben Struktur. Wir benötigen auch Struktur in unserem Leben, sie gibt uns Halt und ist so wichtig. Wir brauchen Zeit, um Dinge und Situationen zu verdauen und wirken zu lassen. Oft machen sich unser Kopf und Gehirn grundlos Sorgen und stressen sich in Situationen oder

Vorstellungen hinein. Wenn wir schon leiden und uns Sorgen machen, wenn etwas faktisch noch gar nicht vorhanden ist, wird es schwer und kostet uns Energie. Diese fehlt uns dann an anderer Stelle. Bleib also lieber in der Realität, im Hier und Jetzt. Mach kurz einen Check-in bei dir: Wie fühle ich mich gerade im Jetzt?

Was für dich hier wichtig ist:

- Jedes Ungleichgewicht strebt nach einem Ausgleich
- Es existiert immer eine Lösung
- Die Antwort ist immer Liebe – Love is always the answer

Das sechste Gesetz der Kausalität lautet: „Jede Ursache hat ihre Wirkung; jede Wirkung hat ihre Ursache; alles geschieht gesetzmäßig; Zufall ist nur ein Begriff für ein unerkanntes Gesetz; es gibt viele Ebenen von Ursachen, aber nichts entgeht dem Gesetz" (Kybalion). Es wird auch manchmal als Gesetz der Resonanz bezeichnet. Oder es wird auch als Ursache und Wirkung beschrieben. Glaubst du an den Zufall? Oder gehst du mehr davon aus, dass du für dein Leben selbstverantwortlich bist. Die Frage ist hier: Bin ich Opfer oder Schöpfer? Wie gehst du hiermit im Leben um? Die Situationen/Dinge können durch Begegnungen im Außen auf dich zukommen oder du erleidest immer bestimmte Unfälle – egal wie, alles, was dir im Leben geschieht, hat etwas mit dir zu tun und möchte dir eine Erfahrung schenken.

Schwingungen können sich immer übertragen. Sichtbar kann man das Gesetz machen, wenn man in einem Raum immer den gleichen Ton auf einem Klavier anschlägt. Wenn sich im gleichen Raum auch noch ein Streichinstrument befindet, wird es nach einiger Zeit – ohne Berührung dessen – nur durch die Schwingung den gleichen Ton beim anderen Instrument anschlagen. So bist du auch eine Ursache in deinem Leben und in dem Leben der Menschen, die mit dir direkt oder indirekt in Kontakt kommen (wie beim Ton vom Piano). Deine

Schwingung schafft Resonanzen in deinem Leben. Dies kommt dann wieder auf dich zurück, hierbei ist dein Bewusstsein extrem entscheidend. Die innere Haltung wirkt wie ein Energiefeld nach außen, es strahlt heraus. Wie denkst du überwiegend? Deine Gedanken lösen diese Kausalität aus.

Was für dich hier wichtig ist:

- Alles was ich denke, fühle und tue, hat eine Wirkung
- Ich bin die Ursache für jede Veränderung in meinem Leben
- Welche Ursache möchte ich heute sein?
- War ich heute die Ursache, der Samen, um morgen folgende Wirkung zu erzielen?

Das siebte Gesetz des Geschlechtes lautet: „Geschlecht ist in allem; alles hat sein männliches und sein weibliches Prinzip in sich; Geschlecht offenbart sich auf allen Ebenen" (Kybalion). Die männlichen, aktiven Elemente sind Feuer und Luft. Dies wäre z. B. Aktivität, das befruchtende Prinzip. Die passiven, weiblichen Elemente sind Wasser und Erde. Dies beinhaltet z. B. Einfühlungsvermögen, Reflektionsbereitschaft oder Intuition (das empfangende Prinzip). Das männliche Prinzip setzt einen Impuls und das weibliche Prinzip empfängt und macht was draus, so haben beide Prinzipien ihre Berechtigung und mit beiden kann man aktiv gestalten – nur der Ursprung ist anders.

Wir haben immer grundsätzlich beide Qualitäten in uns. Wie genau die Qualitäten verteilt sind, wird in deinem individuellen Lebensmuster deutlich und ist bei jedem Menschen anders. So spiegelt sich auch hier unsere Einzigartigkeit wider. Das „Geschlecht" bzw. der Körper sagt nicht unbedingt etwas über die Energien aus. Die Rollenbilder schaffen uns hier manchmal Probleme. Menschen, die nicht energetisch ihrem Geschlechter-Typ entsprechen und komplett in das vorgegebene Rollenbild hineinpassen, können sich u. U. nicht so wohl in ihrer Haut fühlen. Dies trifft für alle Geschlechter und Energien zu, in denen die äußere und innere Ausrichtung nicht kongruent ist. Probleme können aus den gesellschaftlichen Rollen entstehen. Frauen, die ein eher männliches Muster haben, werden oft als Emanzen bezeichnet. Noch krasser ist es bei den Männern, die eher ein weibliches Muster haben. Dies wird gesellschaftlich noch weniger akzeptiert. Dies wird oft als große Dramatik im Leben dieser Männer erlebt. Oft wird versucht, es zu überspielen und sich anzupassen, dies wirkt, ist aber sehr anstrengend für die Menschen und benötigt viel Energie. Teilweise mit körperlichen Symptomen oder Warteschleifen im Leben. Wichtig ist zu erkennen, welche Elemente für dich bedeutend sind und überwiegen, und wie du hiermit in Einklang kommen kannst.

Entdecke deine inneren Energien und lebe BE your Energy®! Hülle/Geschlecht/Körper sind nur das Äußere – entscheidend für deine Energie ist die innere Lebensenergie, die in dir wohnt, deine Liebe zu dir selbst. Wir (unsere Seele) wollen ja auf der Erde eine Lebenserfahrung machen, und wenn wir solch eine extreme Konstellation haben, sind wir noch mehr gefordert, haben aber auch die Chance auf eine extremere Wachstumserfahrung.

Frag dich selber, was macht dir Freude? Nicht, was wird von dir erwartet – besonders gesellschaftlich oder vom Umfeld! Triff deine Entscheidung für dich! Sei mutig und trete für dich und deine Authentizität ein – egal was die Außenwelt sagt. Sobald du selbstsicher auftrittst und klar DICH lebst, erfährst du auch im Außen keinen Widerstand mehr. Besonders wichtig ist hier deine innere Klarheit und Ausrichtung, also dein Commitment zu dir selbst.

Vieles kann hier bereits in der Erziehung und Schule oder Kindergarten beeinflusst werden bzw. sollte bei der Betreuung der Kinder mit einfließen. Die Kinder sollten in ihre Energie aufwachsen können und nicht nach Vorschriften, die von außen geprägt wurden. Jeder sollte sein Wesen leben dürfen, authentisch leben, damit er bzw. sie zu ihrem/seinem Lebenserfolg kommen kann. Denn Erfolg ist, was erfolgt ist!

Was für dich wichtig ist:

- Jeder besitzt beide Qualitäten (männliche und weibliche)
- Wenn deine beiden Qualitäten in der für dich richtigen Weise
  gelebt werden, entfaltet sich deine maximale Schöpferkraft

Jetzt haben wir einen kurzen Abriss über die Gesetze erhalten, die unbewusst und immer auf uns wirken, genauso wie eben die Erdanziehung!

Wir alle kommen eben nicht als unbeschriebenes Blatt Papier auf diese Welt, wir haben besondere Potentiale und Eigenschaften, die wir bereits zum Zeitpunkt unserer Geburt in uns tragen. Wir werden in ein bestimmtes Raum-Zeit-Muster geboren. In diesem Muster sind auch Wirkungsweisen aus den verschiedenen vier Elementen zu sehen. Wenn du dieses Kräftespiel aus den unterschiedlichen Energien verstehst, dies erkennen und leben kannst, wirst du authentisch und somit erfolgreich sein!

Die vier Elemente:

In unserem Leben spielen die folgenden vier Elemente eine bedeutende Rolle:

1. Feuer
2. Luft
3. Wasser
4. Erde

Diese vier Energien kommen alle in uns in unterschiedlichen Ausprägungen vor. Jedem der vier Elemente sind wiederum drei Archetypen zugeordnet. Diese verfeinern jeweils die Energieart und beschreiben diese näher. Die genaue Lehre der Archetypen, mit denen ich mich schon lange beschäftige, ist eine sehr umfangreiche, auf die ich hier nicht näher eingehen kann, da die kurze Darstellung ihnen nicht gerecht werden würde. Jeder Mensch hat unterschiedliche Energien schon mit auf die Welt gebracht. Die Elemente sind für jeden und bei jedem unterschiedlich verteilt, so wird auch hier unserer Einzigartigkeit Rechnung getragen. Aufgrund unserer Individualität ist es oft nicht stimmig, bestimmte Methoden für alle Menschen gleich anzuwenden und zu hoffen, dadurch Erfolg zu erreichen. Wie kann ich nun diese Energien und vor allen Dingen mich in meinem Bewusstsein besser verstehen und dadurch meine Energien in den Elementen besser lenken, mein eigenes Wohlgefühl steigern und so erfolgreich sein? Mein Verständnis dafür kann dazu beitragen, mich besser zu verstehen, Dinge im Außen auch viel besser zu lenken, mit anderen Menschen harmonischer zu kommunizieren und zu interagieren und somit einfach glücklicher und im Gefühl zu leben. Bist du bereit, auch die Erkenntnis und vielleicht die Gestaltung der Elemente in dir zu entdecken und zu lernen? Vielleicht fühlst du dich manchmal anders oder möchtest anders reagieren oder du wünscht dir das. Die Elemente offenbaren unser Verhalten und wir können beobachten, wie sie bei uns im Inneren wirken. Welche Dynamiken und Energien stecken hinter den Elementen? Es gibt Wurzeln für bestimmtes Verhalten, die sich zu entdecken lohnen.

Dann los! Fangen wir an mit dem Element Feuer: Wie äußert sich die Energie bei dir oder bei anderen Menschen? Was macht Feuer im Allgemeinen in der Natur?

Feuer ist eine wärmende Kraft, die transformierend wirken kann. Sie zeigt dir: „Ich will mich im Außen weiterentwickeln, will nach vorne streben – will erhellend wirken." Dies kann sich im Verhalten bzw. Wesen eines Menschen zeigen. Die feurige Kraft möchte sich schon irgendwie durchsetzen – vielleicht nimmt sie auch anderen die Luft – wie beim echten Feuer, hier wird der Sauerstoff verbraucht. Feuerenergie braucht Herausforderungen und Energie – ist sehr dynamisch, strebt mit seinen Kräften nach Außen und strahlt ab. Kann auch eine

Konfliktenergie sein. Die Menschen möchten sichtbar werden und maßgeblich sein. Sie können sehr ungeduldig sein und bestimmte langsame Dinge nicht ertragen. Wie bin ich oder wie begegne ich den Menschen im Außen? Fühle mal, wie nimmst du es wahr? Brauchst du Aktivität? Oder bist du mehr passiv unterwegs? Den feurigen Menschen würden Ziele und Visionen/Projekte guttun. So kommen sie in den Fluss des Lebens durch eine Perspektive. Fühlst du einen Druck in deinem Inneren? Wie bringst du deine PS auf die Straße? Bist du nicht in Einklang mit deinen Energien, können sich Kopfschmerzen, Allergien, Entzündungen, Verletzungen, Schnittwunden, Druck, Aggression, Mobbingerfahrungen oder ähnliches zeigen. Sei mutig und stehe zu dir! Sei ehrlich und lass es aber auch bei den anderen zu!

Anders ist es beim Luftelement. Hier zeigt sich besonders: die Lebendigkeit! Es ist auch ein aktives Element wie das Feuerelement. Die Luft ist zum Leben notwendig, ohne Sauerstoff sind wir nicht lebensfähig. Sie ist daher ein wesentliches Element und verbindet uns und alles miteinander. Auch die Kommunikation ist erst durch die Luft über den Schall möglich. Die Luft ist allgemein nicht sichtbar, aber unendlich wichtig. Luft ist erstmal neutral und leicht. Sie kann Auftrieb geben – durch unterschiedliche Temperaturen wird die Bewegung gefördert. Luft braucht Wärme (Energie) und auch die Feuerenergie braucht die Luft, sonst brennt das Feuer nicht. Manche Energien unterstützen oder bedingen sich also in Teilen.

Das Lachen gehört z. B. auch in dieses Element. Wie ist also der Mensch, der überwiegend luftige Anteile hat. Er spricht viel und hat keine Berührungsängste! Ist sehr offen und wertfrei in Bezug auf Begegnungen. Sein Gegenüber nimmt das wahr und es entstehen offene Gespräche. Motto: Leben und leben lassen! Gute Verkäufer haben oft hohe Luftanteile – sie reden gerne, finden auch immer eine Ausrede und sind nicht so verbindlich. Ein weiteres Anzeichen ist viel theoretisches Wissen und die Praxis fehlt – es kann arrogant wirken, da es noch nicht praktisch erprobt ist.

Eine gute Frage für dieses Element ist: Was machen deine Gedanken mit dir? Kennst du deine Gedanken? Beobachte mal eine gewisse Zeit, wie und wann du was denkst. Wieviel hat es mit der Realität zu tun? Ist es wirklich wahr? Ist es etwas, was im Hier und Jetzt Bedeutung hat? Dann entscheide, wie du mit deiner Beobachtung umgehst.

Die beiden passiven Elemente sind das Wasser und die Erde. Die passiven Elemente haben keine eigene Dynamik. Beim Element Wasser steht das Gefühl im Vordergrund. Wasser hat einen Pol-Bezug nach unten, fließt nach unten und gleicht die Dinge aus – Wasser kann sich gut anpassen und macht die Dinge weich. Es sucht sich seinen Weg. Wir können auch immer gut in der Natur schauen, wie die Elemente wirken. Wasser ist das stärkste Element in der Natur, es kann sogar Steine aushöhlen. Gleichzeitig ist das Meer und dessen Tiefen kaum erforscht – im Vergleich zu anderen Teilen unserer Erde. Das Wasser Element ist auch der Seele zugeordnet und hat daher eine hohe Macht. Wasser kann aufnehmen und vermischen.

Oft werden die Gesprächsthemen gewechselt, wenn die Sprache auf Gefühle kommt. Dies ist vielen unangenehm. Es wäre sehr wichtig, auch auf dieser Ebene ehrlich mit uns und anderen zu sein. Steh zu deinen Gefühlen und nimm sie bewusst wahr! Beobachte, mit was verbindest du welche Gefühle? Welche Rolle spielt deine Familie für dich? Hast du ein gutes Gefühl zu dir selber? Geh in die Hingabe und empfange, was dein Leben für dich bereithält. Ganz gleich wie du dich dabei gerade fühlst, versuche diese Position zu genießen oder halte es einfach mal aus! Mache aktive Pausen und entspanne dich ohne schlechtes Gewissen. Eine Challenge für dich?

Das nächste passive Prinzip ist die Erde. Das Erdelement steht für ein sehr konkretes Element. Kann herausfordernd und erfüllend sein. Es hat genauso wie das passive Wasserelement keine Eigendynamik und ist auch ein weibliches Element. Es steht so für die Statik, das Reich der Sinnlichkeit, und ist an den Stoff gebunden. Genuss oder

Sorge sind beides Pole dieses Elementes. Es gibt in der Natur die Erdanziehungskraft – auch bei uns im Leben sind bestimmte Dinge immer da. Teilweise wird dies als „Schwere" wahrgenommen. Die Dinge sind in diesem Element messbar und halten zusammen, das Element ist sehr statisch. Alles wird in der Erde gespeichert. Zu den Emotionen gehört hier beispielsweise u. a. auch die Angst oder die Leidenschaft in der Sexualität. Erdelementbetonte Menschen benötigen Sicherheiten in ihrem Leben. Sie begeben sich gerne in Gruppen und finden hier die Zugehörigkeit, die sie benötigen. Der Erdtyp braucht konkrete Signale. Die Menschen gehen gerne in Vereine (Sport/Musik usw.) und fühlen sich hier wohl. Sie gehen nicht so offen auf Menschen zu und brauchen erst etwas Vertrauen. Sie lieben und brauchen die Materie und bekommen dann Ruhe und Frieden, um sich zu entwickeln. Für sie ist körperliche Unbeschwertheit besonders wichtig, weil sich ansonsten ihre seelische Entwicklung nicht einstellen kann.

Wie ist dein Verhältnis zu Geld/Materie oder zu deinem Körper? Erlaubst du dir diese Erfahrungen? Wie sorgst du für dich? Der Erdtyp ist sehr zuverlässig und treu. Menschen mit dieser Prägung sitzen oft schweigsam mit gleichen Routinen zusammen. Wie die alten Männer in Italien auf den Bänken vor der Haustür. Bei Verletzungen, auch emotionalen, sind die Narben sehr lange zu sehen. Eine daraus resultierende Veränderung im Verhalten kann spürbar sein, auch wenn schon Jahre seit dem Auslöser vergangen sind.

Vielleicht hast du jetzt schon durch die Fragen eine klitzekleine Ahnung, welche Energien in dir in welcher Gewichtung vorhanden sind. Grundsätzlich haben wir ja alle Elemente alle in uns – in unterschiedlichen Ausprägungen. Vielleicht sind dir auch gleich bei der Beschreibung der Elemente bestimmte Menschen in den Sinn gekommen. Oder du hast die beschriebenen Verhaltensweisen schon bei anderen Mitmenschen beobachtet? Wie kannst du diese Erkenntnisse dann nutzen? Bring deine Wesensenergien in die Welt – egal welche du hast – und komme dann mit denen im Leben klar – versuch dich nicht anzupassen, was von dir erwartet wird. Verhalte dich so wie es deine Elemente verlangen, dann bist du im Einklang. Lass auch andere Menschen in ihrer Energie sein und akzeptiere dies.

Energien beeinflussen dich und dein Leben unablässig …

Doch diese Energien verhalten sich nicht zufällig, sondern folgen ganz bestimmten Gesetzmäßigkeiten, wie ich es oben mit den universellen Gesetzen beschrieben habe. Kennst du diese Gesetze, kannst du den Lauf der Energien nicht nur voraussehen, sondern auch (mit-) gestalten! Damit hast du die Möglichkeit, besser zu verstehen, warum gewisse Ziele für dich im Moment so schwer zu erreichen sind … oder vielleicht auch ganz einfach der Erfolg für dich folgt! Oder wieso dich immer wieder dieselben Beschwerden heimsuchen und du oft auf ähnliche Probleme triffst, oder du wie auf einer Welle durch dein Leben reitest. Bei mir war es ganz besonders das Symptom der „Mandelentzündung". Jahrelang hat es mich begleitet und zu mancher Arbeitsunfähigkeit und Krankenhauseinweisung geführt. Was steckt aber wahrhaftig dahinter? Dazu später mehr.

Meistens stecken hinter diesen Blockaden unbewusste energetische Abläufe … für das Auge im Alltag nicht erkennbar! Jedoch dann zu entlarven, wenn du mutig bist und hinschaust und bereit bist, mit der Erkenntnis und den Folgen zu leben. Die Menschen lernen hauptsächlich über Liebe oder Leid, dies öffnet uns – du darfst entscheiden, wie du lieber lernen möchtest. Mehr zu tun und zu haben ist nicht automatisch besser. MEHR bedeutet nicht zwangsläufig mehr Erfolg. Deine Energien und Talente werden teilweise im Laufe der Jahre überlagert. Manchmal meinen wir anders sein zu müssen oder finden andere Menschen interessanter und ahmen diese nach. Wen fandest bzw. findest du inspirierend für dein Leben?

Im Rückblick war ich so lange in einer Welt, Denkweise und Aufgabe gefangen, in der die immer gleichen (teilweise sehr männlich geprägten) Vorstellungen von „Erfolgreich-Sein" erzählt wurden. Wie „Professionell-Sein" geht, wie „Karriere" geht, schien wie in Stein gemeißelt, und ich habe am eigenen Leib erlebt, wie schnell ich mich als Frau in diese Schablonen eingeordnet und damit dann später auch etliches verloren habe. Wie schade ist es, wenn gerade wir Frauen nicht mehr wissen und verstehen, wie „der weibliche Weg" aussieht und funktioniert. Und ich gebe gerne zu: Ich habe es ja selbst über Jahre nicht gewusst! Es muss auch nicht unbedingt sein, dass man als Frau einen weiblichen Weg gehen sollte, und umgekehrt gibt es auch Männer, die besser beraten sind, einen weiblichen Weg zu wählen, da dieser mehr im Einklang mit den Erfahrungswünschen ihrer Seele steht. Oder es wird dir suggeriert, dass du dich als Frau nur um deine Kinder kümmern sollst – also dass keine eigene Karriere erlaubt ist. Egal wie, alles was nicht aus deinem Inneren kommt, ist nicht authentisch und kostet viel Energie. So leben viele als Kopie von irgendjemand – anstatt ein Original zu sein. Dies kann komplett im Leben so sein oder auch nur in einzelnen Bereichen deines Lebens. Einige Lebensbereiche liegen ganz besonders (und teilweise über viele Jahre) immer mal wieder im Fokus deiner Seele und werden durch eine sehr langsam vorbeigehende Energie transformiert und berührt. Immer wieder stellen sich in solchen Momenten bestimmte Lebensfragen. Intuitiv merken wir dann meist, dass es „einfach nicht unser Weg ist", weil wir spüren, dass sämtliche Erfolgsgeschichten, die nicht zu DIR passen (und seien sie noch so beeindruckend, wohlklingend und glamourös), dir letztlich die Orientierung vernebeln. Wenn diese Vorstellungen nicht dem entsprechen, wodurch deine Seele in ihre Entfaltung geht, wird es nicht erfolgreich werden. Deswegen ist es so wichtig, dass du deine eigene Definition von Erfolg, Erfüllung, Entfaltung und deinen Weg, auch deiner Werte, findest. Je klarer du dies für dich formulierst, desto klarer das Bild, das du mit deinem Wachstum verbindest, und desto höher ist die Chance, dass du dein persönliches Leben erlebst!

Ich wünsche das uns allen so sehr, meine Methode BE your Energy® soll genau das zeigen und verdeutlichen.

Doch was bedeutet es, authentisch zu leben? Wer hat sich schon mal gefragt, was ist eigentlich der Sinn meiner Existenz? Oft kommen wir in der Mitte unseres Lebens genau an solche Fragen, der Volksmund bezeichnet diese Zeit als Midlifecrisis. Dies hat jeder bestimmt schon mal gehört oder selber erfahren. Wenn wir die ersten Erfahrungen im beruflichen Kontext gesammelt und privat schon einiges erlebt haben, die Existenz gesichert ist, kommen Fragen nach dem Sinn und Zweck des Lebens auf. In meiner Coaching-Praxis und bei mir ganz persönlich war dies der Anfang von einer massiven Veränderung.

Sobald ich mir erlaubt habe, diese Fragen zu stellen und bewusst hier nach Antworten zu suchen, hat sich so viel getan – aber der Reihe nach! Für mich persönlich war es lange schwierig, meine Wahrheit, meine Geschichte, vor vielen Menschen zu präsentieren. Die Deckung fallenzulassen und den Mut zu haben, meine Schutzmechanismen abzulegen. Obwohl es für mich schon immer das Allergrößte gewesen ist, Menschen tief, nah und ungeschminkt zu begegnen. Dann fühle ich mich lebendig, verbunden und EINS mit den Menschen um mich herum und auch mit meiner eigenen Seele, und noch mit viel mehr ... Irgendwann hat sich in meinem Leben eine Unzufriedenheit eingestellt, die ich nie genau definieren konnte. Augenscheinlich und von außen war alles okay – Familie, Kinder, Job –, alles so, wie man (und „Frau"☺) es sich so wünschen kann. Und doch war da etwas, das mich nicht ruhen lies – es waren Fragen, die sich immer wieder an die Oberfläche schlichen, zu unterschiedlichen Zeiten und Situationen.

War das schon alles im Leben? Kann es wirklich so gewollt sein? Wieso bin ich nicht im Einklang, wo ich doch alles habe? Wieso kann ich nicht wie andere sein und einfach nur zufrieden sein? Woher kommt der Drang, immer mehr wissen zu wollen? „Sei doch mal zufrieden! Du hast doch alles!", waren oft die Aussagen von Freunden und Familie, wenn das Thema zur Sprache kam. Leider war niemand mal da, der offen zugegeben hat, Mensch, mir geht es echt genauso, liebe Sonja! Ich verstehe dich total und das kann dir helfen. Nein, im Gegenteil – die Aussagen brachten mein Innerstes dazu, mich noch mehr „falsch" zu fühlen, anders, so als wäre ich nicht ein Teil dieser Gesellschaft und Norm.

Dann kam die Astrosophie in mein Leben – durch Zufall ☺ –, wie ich damals noch glaubte. Doch ich verweise hier nochmal auf die universellen Gesetze, jetzt sehe ich dies anders. Danke für das Geschenk! Ganz spontan und gegen Widerstände meldete ich mich zur Ausbildung an – eine wahrhaft lebensverändernde Entscheidung, wie ich jetzt weiß. Es war ein tiefes inneres Wissen, dass dies der richtige Weg ist. Kennst du dieses Gefühl, wenn du etwas nicht rational erklären kannst, und doch tief in dir drin weißt, dass es der richtige Weg ist – hier geht es lang! Die Reise war magisch – es war und ist für mich weiterhin jeden Tag lebensverändernd. Inzwischen gebe ich dieses Wissen in meinen Coachings mit viel Liebe und Wertschätzung weiter – auch hier verändert es Leben. Es ist so bereichernd zu wissen, was dein Seelenauftrag ist, was sich deine Seele vorgenommen hat, hier auf Erden zu lernen und zu erfahren. Diese Erkenntnis hat bei mir zu so einem tiefen inneren Frieden geführt, dass ich jeden Tag das Gefühl habe, aus einer Urkraft mein Leben zu gestalten.

Ein paar treffende Worte meiner Coachees: „Es ist eine mega Abkürzung!" „Wow, so einfach kann es sein! Danke, wenn man den Weg weiß." Dies sind nur ein paar Aussagen aus den letzten Gesprächen.

Es ist für mich so fantastisch zu sehen, wie die Menschen nach der Beratung strahlen und von innen heraus leuchten – in dem Moment, in dem sie ihre Kraft zurückgewonnen haben, der Zugang zu ihrer Quelle freigelegt ist – wo sie erkennen, was ihr Auftrag ist und was sie vielleicht schon immer innerlich gespürt, aber sich nie zu leben getraut haben. Wenn dies alles geschieht, dann passieren Wunder – es kommt zum Flow, es wird leicht, wie es immer so schön heißt. Es darf leicht sein und Spaß machen. All das ist dann möglich. Man hat die

Abkürzung durch sein Leben entdeckt – der Weg ist nun genau erkennbar. Logisch gibt es auch hier noch Herausforderungen … aber die Richtung ist klar – das GPS ist sozusagen eingestellt, und auch in Zeiten ohne Empfang hat man Orientierung. Es ist plötzlich sonnenklar, was Tage zuvor noch im Nebel lag. Die Energien sind klar und der Klient versteht sich und sein Umfeld nun ganz deutlich.

Wie in einem Buch mit Zaubertinte geschrieben, wird nun Kapitel für Kapitel deines Lebens sichtbar und du verstehst die Charaktere und Statisten in deinem Leben – bist plötzlich dankbar für die Spiegelfläche, die Situationen und Ereignisse, die du früher nicht zuordnen oder gutheißen konntest. All das verändert dein Bewusstsein so sehr und du veränderst deine Energie – dadurch verändert sich dein Leben. Du ziehst plötzlich andere Dinge, Menschen oder Situationen an und dein Leben nimmt eine ganz neue Form an. Synchronität entsteht, und teilweise kann ich manchmal selber nicht daran glauben. Manchmal darf ich mich zwicken – echt jetzt, ist das wirklich geschehen … wie sah das noch vor einem Jahr aus – wow, krass, und weitere Superlative kann man dafür einsetzen. Doch letztendlich erschaffen wir dieses Wunder selber, mit unserer Energie. Für alle, die dies einmal verstanden haben, wird es hier ein automatisches Kopfnicken geben – alle anderen kann ich nur auffordern und ermutigen, dies mal auszuprobieren. Lasst euch auf einen Versuch ein, eure eigene Energie zu leben.

Ich kenne so viele Methoden und Tools, aber jedes Mal, wenn ich nur mit dem Kopf und nicht mit dem Herzen arbeite, funktioniert es nicht halb so gut. Es ist etwas komplett anderes. Doch wie kommen wir dort hin? Wo ist die Antwort zu finden, was meine Energie ist? Die Astrosophie ist ein Deutungsmodell und kann hier Lösungswege aufzeigen. Im Zeitpunkt unserer Geburt findet sich eine bestimmte Sternenkonstellation am Himmel – dies wird rechnerisch dargestellt und grafisch als sog. Radix ausgewertet. Diese sog. „Geburtsmuster" erzählt die Geschichte deines Lebensweges und zeigt die verschiedenen Elemente und Archetypen in ihren Ausprägungen an. Zusammen mit den Elementen, die in meinem eigenen Muster vorkommen, konnte ich so viel erkennen und für mich in die richtige Richtung einordnen und seitdem konstruktiv nutzen. Wir haben ja alle diese Energien in unterschiedlichen Ausprägungen in uns, somit konnte ich auch mein Umfeld viel besser verstehen. Über die vier Elemente und die jeweils drei weiteren Ausprägungen der Archetypen zeichnet sich somit ein magisches Meer der Erkenntnis ab. Es ist so wundervoll, die Einzigartigkeiten der Menschen darin zu erkennen.

Als ich meinen Seelenweg so „bunt auf weiß" vor mir liegen sah und so feingliedrig kennengelernt habe, ist mir vieles ganz deutlich geworden. Ich habe mich, mein Verhalten, meine Wünsche und Sehnsüchte erkannt. Hier ist es wie bei der Erkenntnis zu meinem Symptom der Mandelentzündung. Ich habe jahrelang „meine Wahrheit" nicht ausgesprochen oder erkannt … dies führte zu Stau und Entzündungen im Rachenraum. Nach dem Erkennen, durfte das Symptom gehen, da Symptome unbewusste Dinge repräsentieren. Sobald ich sie bewusst wahrnehmen kann, sind sie nicht mehr notwendig und dürfen gehen … Wenn du es einmal begriffen hast, kannst du es nicht mehr unterdrücken bzw. wegdrücken – es rückt sozusagen vom Unbewussten in dein Bewusstsein.

So habe ich also im Laufe der mehrjährigen Ausbildung mich und mein Umfeld besser verstehen und unterstützen gelernt. Alles konnte auf einmal mit Liebe betrachtet werden. Die größeren Zusammenhänge wurden mir bewusst, und von da an waren sie nicht mehr wegzudenken. Es ist zugleich ein Anfang und ein Ende … denn nur als ich loslassen konnte, habe ich soviel mehr bekommen. Klingt paradox, aber auch hier durfte ich meine Erfahrungen machen. Alles was ich inzwischen an meine Klienten weitergebe, habe ich selber ausprobiert. Ja, und es war wirklich viel (☺). Ziel ist es, unsere innere Schatzkiste zu finden, den Deckel zu öffnen und das innere Strahlen zu aktivieren. Und hier kommt das ABER: Jeder trägt einen anderen Schatz in sich

– jede und jeder ist so einzigartig und wundervoll, dass es schwer fällt, eine Erklärung allgemeingültig für authentisch ME zu geben. Ich kann dazu aus meiner privaten und Coaching-Erfahrung nur sagen, sobald der Mensch seine Schatzkiste entdeckt hat und genau weiß, wo die Einzigartigkeit steckt – und wie er diese für sich und andere nutzen kann –, ist alles möglich. Und ich meine wirklich alles. Die Limitierungen, die wir uns setzen, entstehen oft durch unsere Prägungen und Vorbilder – oft fehlt die Erfahrung, die Grenzen zu überwinden oder zu ändern. Entscheide, welche Grenzen du einmal selbst definiert oder welche von anderen definierte Grenzen du übernommen hast, und ob diese noch stimmig sind.

Sei mutig – Mut wird immer belohnt!

Und noch etwas: Lass dich auf das Abenteuer, den Spaziergang zu dir ein. Solange wir wachsen, und nur dann, leben wir aktiv. Manche Menschen leben bis zu einem gewissen Alter und werden dann erst mit über 80 begraben, obwohl sie schon viel früher zu „leben" aufgehört und nur noch Sauerstoff weggeatmet haben … wie traurig ist denn diese Vorstellung. Viele Menschen im Altersheim leben genau so ein Leben und warten auf den Abschied oder das nächste Essen. Aber muss das wirklich so sein? Wir können unser Leben selber bestimmen und authentisch leben, wenn wir die Bewusstheit dazu haben, uns erkennen. Wie möchtest du dein Leben ab jetzt gestalten?

Kennst du die Übung vom perfekten Tag? Ich liebe sie!

Schließe doch mal gerade jetzt die Augen und stell dir vor, wenn alles möglich wäre, wie würde dein perfekter Tag/dein perfektes Leben aussehen? Wie und wo und wann mit wem würdest du aufwachen? Was wäre dann? Was würdest du tun? Wie gestaltet sich dein Tag – beschreibe und visualisiere alles so detailliert wie möglich … wie riecht, schmeckt und fühlt sich dein Tag/dein Leben an? Was gibt es zu essen? Machst du Frühstück? Sport? Meditation? Wo lebst du?

Stadt, Land, Berge oder am Meer? Bist du an deinem imaginären Tag abends angekommen? Notiere es dir ganz genau und spüre mit allen Sinnen rein. Fühle dich in diesen Tag, und dann kannst du vergleichen, wie weit dein Ideal von der jetzigen Lebenssituation entfernt ist. Wie weit ist das eben Gesehene von deiner Realität entfernt? Was hat sich seit den Einstiegsfragen meines Buches bereits in dir verändert? Was nimmst du wahr?

Mal im Ernst: Was kannst du heute – ja, ich meine genau JETZT – tun, um diese Lücke zu verkleinern. Beachte bei all deinen Handlungen dein Ziel, wo möchtest du hin, und trägt diese Handlung dazu bei, mich auf diesem Weg voranzubringen. Wir kommen ja mit unserem Seelenplan bereits auf die Welt – je besser es dir gelingt, deine Ziele und Wünsche damit in Einklang zu bringen, desto weniger wird dein Leben Herausforderungen bereithalten.

Manchmal spricht die Seele auch durch Symptome zu uns. Symptome sind eine Ausdrucksform der Seele, die ähnlich wie bei einer Dolmetscherin zu deuten und zu übersetzen sind. Grundsätzlich haben die Symptome immer eine Botschaft für uns Menschen und sind Ausdruck des Unterbewussten. Denn wenn wir uns selber besser zuhören würden und achtsamer wären, müssten wir diese Botschaften nicht über Symptome erhalten und therapieren. Manche Symptome sind für die Erfahrungen der Seele von Bedeutung und bleiben auch etwas länger. Es kommen dann die richtigen Menschen in dein Leben, die die passende Therapie für dich haben, oder die Therapie spricht plötzlich an, sobald du die Botschaft akzeptiert hast. Was liegt hinter meinen Symptomen, was will meine Seele mir sagen, und wie kann ich die unterschiedlichen Säulen der Gesundheit gezielt nutzen, um ein gesundes und vitales Leben zu führen?

Erst als ich die Sprache der Seele kennengelernt und für mich angewendet habe, konnte ich einen massiven Shift in meinem Leben und meiner Gesundheit wahrnehmen. So vieles hat sich seitdem in meinem Leben und im Leben meiner Klienten verändert, und ich bin unglaublich dankbar für meine Mission, „BE your Energy®" so in die Welt zu tragen.

Nachdem ich dir so viele Hinweise über deine inneren Energien geben durfte, lass doch noch einmal folgende Sprichwörter und Redewendungen auf dich wirken:

Das geht mir an die Nieren!
Du bist deines Glückes Schmied!
Ich trage die Last auf meinen Schultern!
Das schlägt mir auf den Magen!
Ich kann vor lauter Glück die ganze Welt umarmen!
Ich muss mich verbiegen!
Das geht runter wie Öl!
Wer will, findet Wege!

Und es gibt viele mehr; die Weisheit der jahrtausendealten Lehre schlägt sich hier nieder – leider ist oft der Transfer verloren gegangen … Auch Glaubenssätze – also Tatsachen, die wir für wahr halten und oft ungeprüft in unseren Alltag übernehmen, spiegeln sich hier wieder.

Alles beginnt mit deinen bewusst getroffenen Entscheidungen

Nachdem was wir jetzt alles verbunden haben, kommt es immer wieder zu dem einen Punkt, der dein Leben maßgeblich beeinflusst: Die Rede ist von deinen ganz bewusst getroffenen und zu treffenden Entscheidungen. Mach dir das wirklich bewusst. Alle Entscheidungen, die du nicht aktiv triffst, treffen andere für dich. Also hab ab sofort Spaß daran, deine ganz persönlichen Herzensentscheidungen selber zu treffen. Lebe Zuversicht, erschaffe Neues! Erinnere dich noch einmal an das Gesetz von Ursache und Wirkung. Welche Samen säst du künftig täglich in deinem Leben? Das Resonanzgesetz zeigt dir, dass du mit all deinen Entscheidungen dein magisches Leben gestaltest. Lebst du authentisch, voller Energie und mit all deinen Talenten?

So bist du in deiner Energie und wirst ein glückliches, liebevolles, harmonisches, wertschöpfendes, geiles Leben führen oder es dir zumindest ab heute erschaffen.

Achte auf die Signale deines Inneren. Ob Träume, deine Intuition, Gefühle, Symptome, wiederkehrende Situationen in deinem Leben, Ereignisse usw., all das sind liebevolle Signale, um ein für dich wundervolles Leben zu führen.

Dann lege los – BE your Energy®, ohne Kompromisse und doppelten Boden! Lass dir helfen und vertraue deiner inneren Weisheit – folge deinem Herzen und der Seele!

Ich wünsche dir ein wundervolles, authentisches Leben in deiner vollen Energie – bringe alle deine Geschenke in die Welt und leuchte weit hinauf zu den Sternen! Ja, und falls du mal nicht weiterweißt, unternimm einen Spaziergang zu dir!

Deine SonJA

4

_

»Eure Kinder [...] sind die

Söhne und Töchter der

Sehnsucht des Lebens

nach sich selbst.«

(Khalil Gibran)

Magdalena Büttner

Geb. 1970 in Breslau, Germanistikstudium, seit 1996 in
Deutschland, Sprachtrainerin, Mutter von zwei Kindern

Ich nannte mich selber „emotionaler" Flüchtling.
Ich flüchtete vor der Kontrolle meiner Eltern aus meinem
Heimatland Polen. In Deutschland setzte ich meinen Weg
zur inneren Freiheit fort. Auf diesem begegnete ich vielen Ängsten.
Familienstellen, Meditation, Focusing, Träume, innere Bilder
und schamanische Rituale waren und sind meine Tools.
Mein einst leerer Korb füllte sich mit Selbstvertrauen, Rückkehr zu
meinen polnischen Wurzeln, LIEBE für meine Eltern und
Geschwister, intensiv gefühlter Verbindung zur Natur, zur
Weiblichkeit, mit Urvertrauen und Verbindung zum Leben und Sein.
2021 gründete ich „die Werkstatt der magischen Herzen"
– ein fortlaufendes Malprojekt.

Instagram: @magdalenabuttner

Von Angst zum Vertrauen

und zur Liebe –

der innere Weg

Magdalena Büttner

Willkommen
In dem kosmischen Spiel
In dem göttlichen Geschehen
In dem hervorquellenden MYSTERIUM
In dem pulsierenden SEIN
In dem Vibrieren, Erzeugen und Geschehen
In dem Entstehen und Vergehen
In den Wogen des Seins
In dem Großen und dem Kleinen
und darüber hinaus
In dem was war, was ist und was sein wird
Willkommen in dem Kleinsten
und dem Unbeschreiblichen
Willkommen ohne Namen
Amen

Liebe Leserin, lieber Leser,

vor beinahe einem Jahr begann ich meinen großen Traum zu realisieren. Ich war seit eh und je intensiv damit beschäftigt, mich zu heilen. Je länger ich selber auf dem Weg dahin war, umso stärker entstand der Wunsch, anderen zu helfen, eine tiefe wahre Verbindung zu mir selbst und anderen zu finden und zu leben. So war der nächste Stein auf dem Weg zu mir und zum unterstützenden Handeln für andere eine energetisch-schamanische Ausbildung.

Wir (ich schreibe „wir", da wir eine größere Gruppe von Lernenden waren) haben uns sehr vielen wunderbaren, effektiven Übungen unterzogen, haben sehr viele Riten empfangen, so unendlich viel Kostbares gelernt. Es wurde auch die sog. Seelenrückholung praktiziert – d. h., dass Energien, die aufgrund von Erlebnissen, die man zum gegebenen Zeitpunkt nicht verarbeiten konnte und von einem selber unbewusst abgespalten wurden, wieder zurückgeholt werden. Ich kann mich erinnern, dass ich mich innerlich auf dieses Vorgehen vorbereitete. Meine Seele bot mir schon beim nächtlichen Schlafen und Träumen ansatzweise den Stoff, den ich im Vorgespräch einer Ausbildungsfreundin, die sich auf die schamanische Suche nach dem Seelenanteil begab, mitteilen konnte. Ganz grob skizziert ging es in diesem Prozess um das Entdecken des Zurückhaltens der eigenen Wahrheit aus Angst vor Strafe, um die Entdeckung der strahlenden reinen Gestalt in mir selber und um das Formulieren meiner Absicht, meiner Intuition zu vertrauen und ihr zu folgen. Ich kann mich noch sehr genau erinnern, wie ich meine Frage nach meiner wahren Aufgabe bzw. meinen wahren Aufgaben formulierte. Am nächsten Tag bekam ich von einer Bekannten eine Anfrage, ob ich mich an einem Buchprojekt unter dem Titel „Authentisch me" beteiligen möchte. Ich habe mich noch nie an einem Buchprojekt beteiligt (außer an Übersetzungen von Erzählungen, aber das ist ja ein ganz anderes Kapitel). Obwohl ich keine Erfahrung damit hatte, eine Geschichte zu schreiben, die herausgegeben werden sollte, verspürte ich ein ganz deutliches „Ja". Ich verstand diese Anfrage, die wie ein Blitz vom Himmel über mich kam, als ein Zeichen der Synchronizität, als eine Einladung, meine Geschichte aufzuschreiben, über mich, zum Vertrauen, zum Selbstvertrauen, zum Urvertrauen, zur Freude und Sinnhaftigkeit des Lebens.

Und dann passierte das BUM

Stell dir vor, du träumst davon, ein fernes Land zu bereisen. Die Reise dürfte lange und mit vielen Vorbereitungen verbunden sein. Du weißt schon einiges über das Land, da du dich viel darüber informiert, Aufnahmen, Filme gesehen und Berichte gelesen hast. Endlich bist du dort angekommen und die Reise nimmt ihren Lauf. Du erkundest das Land mit Begeisterung und möchtest, dass die Reise am besten niemals endet, doch auf einmal kommt der Punkt, wo du merkst, dass die Reise dich komplett überfordert, himmelschreiend überfordert! So ist es mir ergangen. Ich verstand die Welt nicht mehr! Ich habe ein sehr plastisches Vorstellungsvermögen, was ich fühle, zeigt sich oft in sehr klaren Bildern. Ich fühlte mich gebrochen, zerbrochen an den schmauchenden Trümmern meines Lebens sitzend. Ich wusste nicht und mir war nicht klar, was geschah, auch wenn ich Ahnungen hatte, aber keine klare Antwort. Ich habe dir berichtet, wieso ich mich entschieden habe, die Geschichte, auf die ich mich so gefreut habe, zu schreiben und jetzt berichte ich dir, dass ich danach wochenlang verzweifelt war, weil ich keine Ahnung hatte, was ich schreiben sollte. Alles war weg! Was übrig blieb, waren gähnende Angst, Unsicherheit und das Gefühl, aus diesem Loch nie wieder rauszukommen!

Familie, Ängste und heilende Träume

An dieser Stelle möchte ich dich, liebe Leserin, lieber Leser, ein Stück in die Vergangenheit mitnehmen und in einigen Bildern meinen Weg skizzieren.

Als junger Teenager fühlte ich, dass irgendetwas mit mir nicht stimmte. Ich stand vor dem Spiegel, betrachtete mich und verstand nicht,
wieso ein hübsches Mädel mit allen richtig ausgebildeten und gesunden Körperteilen so tiefe Trauer und Unglück in sich verspüren
konnte. Damals tauchte in mir der tiefe Wunsch nach inneren Frieden,
Stabilität, Verwurzelung und gutem Selbstwertgefühl auf. Früher (und
noch jahrelang später) bezeichnete ich mich als einen emotionalen
Flüchtling. Ich war auf der Flucht vor meiner Familie und ganz besonders vor meinem Vater, vor der familiären, polnisch-katholischen
Prägung, auf der Flucht vor der Angst der Eltern und den aus ihr
resultierenden Verboten. Auf der Flucht in die Freiheit und Selbstbestimmung.

Obwohl ich seit meiner frühersten Kindheit intensiv träumte, jahrelang
ganz intuitiv die Träume aufschrieb und somit ihre Symbolik immer
besser entziffern konnte, mich für Tiefenpsychologie interessierte,
Texte von C. G. Jung las und zumindest glaubte, ihn zu verstehen,
dachte ich, dass einzig die Tatsache, dass ich das Land wechsle,
also von Polen nach Deutschland umziehe, mein Leben und mein
Empfinden wie mit einem Zauberstab verändern wird. In Deutschland
verbrachte ich öfter die Ferien, dann war ich auch für einige Zeit als
Studentin dort. Als ich wieder einmal meine Heimatstadt verließ (an
den Moment kann ich mich sehr gut erinnern), wusste ich: „Jetzt ist
es für immer!" Es war nicht nur für immer, es war auch ganz anders.
Es kam das neue „dauerhafte" Leben in Deutschland auf mich zu,
mit dem Kampf ums Überleben. Ich suchte nach Erklärungen, Kraft
und Gemeinschaft und begann mit dem Studium der Sinologie und
Psychologie. Schnell hat es sich herausgestellt, dass Sinologie keine
Gemeinschaft, dafür Psychologie aber Erklärungen bieten kann. Meine Ängste jedoch und innerlich gefühlte Einsamkeit gepaart mit den
Bemühungen, in Zeiten, in denen es polnischen Staatsbürgern noch
verwehrt war, unter normalen Bedingungen Geld zu verdienen, ließen
mich das Studium abbrechen. Das Leben in Deutschland hat all die in
mir schlummernde Angst heraufbeschworen und aus den Tiefen der

Seele hervorgeholt. Es gab Zeiten, in denen ich einen dicken schwarzen Strich unter meine Vergangenheit ziehen und mich vom mich von der Vergangenheit abtrennen wollte, um die Ängste, die Unsicherheit, Verwirrung und Einsamkeit nicht spüren zu müssen. Ich wollte mich vom Kopf her quasi neu erschaffen, aber … natürlich ging es nicht. Die Träume haben mir immer wieder Hinweise gegeben. Sie lagen wie Steine auf einem sumpfigen Weg und meine Füße sprangen von einem zum anderen.

Ich befand mich am Ufer eines Flusses oder eines Meeres. Ich sollte etwas erledigen und auf einmal habe ich einen Zugang zu einem Keller gefunden. Am Ufer habe ich ein kleines Wesen zurückgelassen und versprach ihm, in einer halben Stunde wieder da zu sein. Jedoch wurde das vereitelt. Ein mächtiger Mann mit einem schwarzen Bart erschien und ich erfuhr, dass das Betreten vom Keller nicht erlaubt sei und ich zu einer Freiheitsstrafe verurteilt werden sollte. Ich wurde sozusagen für ewig in die Tiefen eines Meeres bzw. Ozeans verbannt, wo ich einem einsamen Fisch, der zugleich mein Wächter war, Gesellschaft leisten musste. Ich sollte dem Fisch Geschichten erzählen, um seiner einsamen Existenz Farben, Abenteuer und Erleben zu verleihen. Ich war traurig und besorgt um das kleine Wesen am Ufer, das auf meine Rückkehr wartete, und dass ich nicht in der Lage war, mich zu verständigen. Trotzdem erfüllte ich meine Aufgabe und erzählte dem Fisch Geschichten. Es waren wunderbare Geschichten, voller Lebendigkeit, Farben, Helden und spannender Ereignisse, und alles, was ich erzählte, geschah dann auch und wurde zur erlebten Realität. Nach und nach ging mir ein Licht auf, dass ich doch eine Geschichte erzählen könnte, durch die ich mich aus der Verbannung befreien könnte. An den Hergang der Befreiungsversuche kann ich mich nicht erinnern; ich weiß nur, dass es drei gab. Aller guten Dinge sind drei … Beim dritten Anlauf muss ich dann doch das Richtige erzählt haben, weil auf einmal etwas Wunderbares und Prächtiges geschah: Meine inneren Augen sahen eine „Meereslandschaft". Die Wasseroberfläche war zur dicken Eisschicht gefroren. Plötzlich kam aus der Tiefe des

Gewässers eine heftige Kraft, sie wirkte wie ein kräftiger Keil, der die Eisschicht durchbohrte. Die Eisschicht zerfiel in unzählige klare Kristalle, einer Fontaine gleich schossen die Eiskristalle ganz in die Höhe und erstrahlten bei strahlender Sonne am blauklaren Himmel. Das Gefühl der Befreiung, die Freude und Klarheit sind mit Worten nicht wiederzugeben.

Ich erinnere mich, dass es viele Spannungen gab, als ich in meinem Elternhaus lebte. Das Leben war geprägt von finanzieller Not, Spannungen zwischen meinen Eltern, sehr vielen Verboten, Begrenzungen, Einschränkungen und sexuellen Tabus. Ich erinnere mich, wie meine Mutter sich ganz liebevoll um mich kümmerte, als ich krank war. Ganze Nächte verbrachte sie an meinem Bett, spielte mit mir, sang Lieder vor und war einfach lieb. Das Paradies auf Erden war für mich, in ihrem Bett zu liegen und ihren Körper zu spüren. Vor meinem Vater spürte ich Angst. Er konnte verbieten, bestimmen und bestrafen. Und doch gibt es auch schöne Erinnerungen, wie ich meine kleine Hand in seiner großen verstecken konnte und er mich führte; wie er beim Abholen vom Kindergarten die leckeren Waffelröhren mit Schlagsahne oder an heißen Sommertagen an einer weißen Wasserbude Sprudelwasser mit Himbeersaft kaufte. Das waren himmlische Augenblicke, kleine Freuden. Jedoch war die Angst vorherrschend. Auf dem Hof mit anderen Kindern spielen durfte ich nicht, denn da wurden vulgäre Wörter benutzt und der Einfluss von unerzogenen Kindern hätte einen schlechten Einfluss auf mich gehabt, hätte mich verderben können. Irgendwann kamen unbändige Wut und Abneigung gegen ihn auf. Schon längst volljährig durfte ich nicht über mich selbst bestimmen. Am schlimmsten war es, wenn ich abends das Haus verließ. Er hatte große Angst, mir könnte etwas zustoßen, und aus seinem Drang, mich schützen zu müssen, entstand gefühlt für mich ein Gefängnis, das ich abgrundtief gehasst habe. Jedes Treffen mit anderen war mit Stress und Anspannung verbunden, da ich wusste, dass bei der Rückkehr nach Hause mein Vater wie ein Falke den Hauptverkehrsknoten, wo ich ankam, gründlich absuchen würde, um mich abzufangen und seine Angst zu vertreiben, dass ich vergewaltigt worden und ermordet im umliegenden Stadtgraben gelandet sei. Ich erinnere mich an solche abendlichen Gänge nach Hause – er erleichtert hinter mir her trappelnd und ich aufgebracht, in Rage und voller Verachtung ihm gegenüber. Jahre, Jahrzehnte später, nachdem ich mich mit der Erforschung meiner Ahnengeschichte beschäftigt hatte, verstand ich mit der gewonnenen Einsicht und mit dem Herzen, woher diese panische Angst bei ihm seinen Ursprung hatte. Sein Vater wurde 1940 in einer Kleinstadt in Ostpolen nach einer Auseinandersetzung mit einem deutschen Offizier auf der Straße, als er unterwegs nach Hause war, festgenommen und ins Gefängnis gesteckt. Er kam nie wieder raus und die Versuche seiner Frau, ihn freizukaufen, hatten nichts gebracht. Der Großvater kam in Auschwitz um und mein Vater trauerte sein ganzes Leben lang. Wir nannten den Großvater in der Familie mit seinem Nachnamen. Er war eine unbekannte Figur, der man innerlich mit Respekt und Ehrfurcht, aber auch Distanziertheit und gewisser Angst begegnete.

In den letzten zwanzig Jahren meines Lebens begegnete ich meinem Vater (nach seinem Tod) in meinen Träumen. Er forderte mich mit beinahe prophetischer Stimme auf, meine Vaterwunde und das Verhältnis zu ihm zu heilen. Eine Reise mit vielen Etappen und Zwischenstationen, die ein halbes Leben lang dauerte, ganz besonders intensiv während der doppelten fünfjährigen Ausbildung in Familienstellen und in schamanischer Heilarbeit. In meinem Wohnzimmer steht ein Ahnenaltar. An einem Nachmittag saß ich davor und betrachtete die Fotos. Ganz genau schaute ich mir zum ersten Mal die Aufnahme des Großvaters an. Zum ersten Mal sah ich ihn, sein schönes feines Gesicht, seine Augen. Ich sprach zu ihm. Dann schloss ich die Augen und verweilte in Ruhe und Stille. Auf einmal spürte ich eine Präsenz, wie wenn leichter frischer Wind durchs gekippte Fenster eindringen würde. Sehen kann man den Wind nicht, aber zweifellos spürt man ihn. Genauso spürte ich diese Präsenz und wusste im Inneresten, der Großvater ist da. Natürlich kam mir der Gedanke, dass ich das vielleicht nur träumte. Daher öffnete ich die Augen, um „aufzuwachen". Kein Aufwachen war nötig, die Präsenz des Großvaters war da, nichts fordernd, nichts wollend – nur Präsenz pur. Dann war seine Energie weg. Ich blieb in Dankbarkeit zurück. Nach dieser Erfahrung ist er mir so nahegekommen, und wenn ich an ihn denke oder über ihn spreche, heißt er Großvater Edmund.

Von der Abneigung dem Vater gegenüber habe ich bereits geschrieben. Ich entzog mich seiner Kontrolle, indem ich nach Deutschland zog. Die nächsten inneren Schritte auf dem Weg zur Heilung unserer Beziehung waren abgrundtiefer Schmerz und Trauer, Vergebung, Einsicht, was meinem Vater widerfahren war, aufkeimender Frieden mit ihm, emotionale Ruhe ihm gegenüber, das plötzliche Bewusstwerden, wie sehr ich ihn als Vater gebraucht habe, sehr viel Nähe, ganz tiefe Dankbarkeit, in der Liebe zu ihm angekommen zu sein. Im Laufe der vielen zurückliegenden Lebensjahre habe ich meinen Vater ganz angenommen, strahlende Liebe in mir zu ihm entwickelt. Ja, Vater! Ich liebe dich aus vollem Herzen. Ich habe deinen Schmerz in der Tiefe gesehen und dass du mit ihm so umgegangen bist, wie es dir am besten möglich war. Ich liebe dich, liebe Mutter. Als wir uns verabschiedeten vor ein paar Tagen nach Momenten des Schweigens, nach Momenten des Nebeneinanders und nicht des Miteinanders (auch wenn es solche gab), haben wir uns vor meiner Abfahrt lange in den Armen gehalten. In Liebe. Sie war da, ganz im Spüren, ohne Worte, im Fühlen und in der Stille. Ich danke dir sehr, dass du mich ausgetragen und für mich dann jahrelang liebevoll gesorgt hast. Du hast dein Bestes gegeben. Ich danke dir.

Nachdem ich mich von meinem ersten Mann getrennt hatte, zog ich in eine WG in Frankfurt. Nach der anfänglichen Freude des selbstständigen Lebens kamen wieder Ängste auf. Trotzdem war das eine zutiefst intensive und lehrreihe Zeit. Ich las ein Buch von Maja Storch „Die Sehnsucht der starken Frau nach dem starken Mann", in dem sie das Märchen von Gebrüder Grimm „Das Mädchen ohne Hände" tiefenpsychologisch interpretiert. Ich werde hier weder das Märchen nacherzählen noch die Interpretation wiederholen, beides kann man nachlesen, wer sich dafür interessiert. Ich möchte nur erwähnen, dass das Buch für mich damals von essenzieller Bedeutung war und es mir sehr verständlich machte, wie das Vater-Tochter-Verhältnis das Leben der Tochter prägt und wie außerordentlich wichtig die Heilung von diesem Verhältnis fürs Leben ist. So suchte ich Hilfe in einer tiefenpsychologischen Therapie und durfte mich in der Gegenwart einer Therapeutin selbst reflektieren. Schon seit einiger Zeit erlebte ich seltsame Zustände in der Nacht – ich wusste damals noch nichts von REM-Phasen im Schlaf oder vom luziden Träumen. Beides aber geschah mitten im Schlaf, und ich war mir meiner selbst vollkommen bewusst, zugleich erlebte ich die Lähmung des Körpers, und die Tatsache, dass ich ihn nicht bewegen konnte, versetzte mich in Angst. Ich habe den Eindruck, dass etwas in mir in diesen schlafbewussten Nächten nach der Befreiung von den Ängsten und der Antwort darauf, wer ich eigentlich bin, suchte. An dieser Stelle möchte ich zwei Nachtereignisse schildern, in beiden Fällen handelt es sich um Träume.

Nachts heimgesucht von Angst

Es ist Nacht
Ich liege da
Die schwarze Freundin kommt hinein
Du bist nicht sie
Du bist eine schwarze Energie
Ich hoffe immer noch
Es ist bloß eine Illusion
Doch du bist da
Ich spüre dich direkt über meinem Kopf
Und fasst dich an
Bald kommst du wieder
Auch in der Nacht
Auf meiner Decke zwei schwarze Handschuhe

die zu Händen werden
Wir fassen uns an
Heute sprach ich mit dir
Ich weiß
Du bist meine Angst
Du stehst vor mir
Und hast meine Schattengestalt
Von der Dunkelheit ins Licht
Das ist eine Aufgabe für dich
Wir werden uns öfter sehen
Und miteinander gehen
Doch ab jetzt immer wandlungsfähig
Ich glaube an deine positive Kraft!

Dieser Angst begegnete ich luzide im Traum, und um mich zu unterstützen, rezitierte ich ein bekanntes buddhistisches Mantra „Om Ma Ni Pe Me Hung", was die Angstgestalt zurückweichen ließ. Ja, Angstgestalt, da die Angst eine Gestalt einer vermummten Person im großen Umhang und mit Turban auf dem Kopf angenommen hat. Auf der einen Seite war ich froh, dass sie sich entfernte, auf der anderen Seite wollte ich schon auch erfahren, wessen Gesicht sich unter der Gesichtsbedeckung befand. Ich hatte Angst vor mir selbst.

Eines Nachts passierte es, dass ich wieder schlafend, regungslos und doch wach lag und sah, wie Menschen unterschiedlicher Herkunft und Hautfarbe in mein Zimmer strömten. Ich bat einen nach dem anderen: „Kannst du mir bitte meine Augen öffnen?", worauf ich die Antwort vernahm: „Deine Augen musst du schon selbst aufmachen!" Dann kam Christus und ich wandte mich an ihn mit ähnlicher Bitte: „Bitte, du hast einst Erdenstaub mit deiner Spucke vermischt und mit dieser Salbe hast du einen Blinden geheilt. Kannst du meine Augen öffnen?" Auch von Jesus bekam ich die Antwort: „Deine Augen musst du schon selbst aufmachen!"

Männer, Projektionen und unerfüllte Wünsche

Der Wunsch nach einer erfüllten Liebesbeziehung zog sich wie ein roter Faden durch mein Leben. Nach der Trennung vom ersten Mann in einer Frankfurter WG eingetroffen, war für mich klar, dass ich eine Zeit ohne eine Liebesbeziehung brauche, um meine Wunden zu heilen, meine Augen zu öffnen, zu Kräften zu kommen und das Leben zu gestalten. In dieser Zeit machte ich eine Umschulung zur Verlagsassistentin einerseits und andererseits beschäftige ich mich mit der buddhistischen Lehre und Meditation. Mein tiefer Wunsch war es, eine tiefe geistige Verwurzelung zu erlangen und mich als Wesen mit spirituellem Bewusstsein zu erkennen. Liebe, Wahrheit, Selbstständigkeit und Weisheit waren in meinem Bewusstsein wie ein Mantra verankert. Darauf war ich fokussiert, sie waren mein Ziel und Weg in einem.

Als ich meinen zweiten Mann kennenlernte, ein halbes Jahr nach der Trennung vom vorherigen Mann, fühle ich zwar eine große Anziehungskraft, war mir jedoch auch meines Vorsatzes nach Reifung und innerer Selbstständigkeit, bevor ich den Schritt in die nächste Beziehung wagte, vollkommen bewusst. Er und ich kamen dann zusammen in einer leidenschaftlichen Nacht und unsere Beziehung begann sich zu entfalten. Wie zuversichtlich war ich, dass ich zusammen mit ihm den Weg zur inneren Freiheit bestreiten würde!

Die ersten drei Jahre waren Paradies, Honig und Halleluja. Wir waren DAS Vorzeigepaar und wurden von Freunden oder Bekannten gefragt: „Wie schafft ihr das nur?" Das wunderbare Märchen fing dann aber an zu bröckeln, mehr und mehr. Unterschiedliche Naturelle, der Bruch des gemeinsamen geistigen Weges, unterschiedliche politische Auffassungen, andere Sicht auf Kindererziehung, immer mehr Differenzen, immer weniger Kommunikation, immer mehr Erwartungen auf meiner Seite nach Anders-Sein, mehr Nähe, und die energetischen Blockaden in der Tiefe, die mir viel später bewusst wurden: Die dominante Totenenergie in meinem Feld, fehlende vorgelebte Vorbilder einer gelungenen Liebesbeziehung und der partnerschaftlichen Kommunikation, schädigende Glaubenssätze: Der stärkste, der ganz tief verborgen lauerte: „Durch eine Liebesbeziehung werde ich glücklich!" Vor ein paar Jahren scheiterte auch meine zweite Ehe. Es folgten vier Begegnungen mit vier verschiedenen Männern, und keine von denen führte zu einer tatsächlich physisch gelebten Beziehung. Bei der letzten Begegnung fühlte ich mich sehr bereinigt von der emotionalen Kindheitswunde, reif und bereit, mein Herz glühte, ich strahlte so viel Freude aus, fühlte mich mit Menschen, Pflanzen, Himmel und Wind eng verbunden. In jeder Zelle bebte Liebe pur. Und als dann der Beziehungswunsch platzte, erzitterte auch der Boden unter meinen Füßen ganz gewaltig. Innere Arbeit wieder? Ich vermisste nicht nur den Mann, ich vermisste so sehr das Gefühl der Liebe generell, das Gefühl der großen Verbundenheit mit allem, die ich durch das Verliebt-Sein in diesen Mann so intensiv verspürt hatte.

Liebe

Kehr bitte zurück
Die Tür für dich mache ich weit auf
Du bist die Luft, das Wasser, der Regen und der Stein
Der kleinste Tropfen deines Seins wächst sich hinaus
Zu Allem-Sein
Liebe
Kehr bitte zurück
Nur mit dir kann und will ich leben
Bleib bitte in und mit mir
Liebe … ich will nur lieben
Das ist der Zweck und Sinn meiner Existenz
Liebe, hilf mir bitte, dass ich mich wieder für dich öffne
Ich wünsche es so sehr
Du Schönste aller Schönen
Liebe, sei bitte spürbar in mir
Deine Wärme, Freude, dein All-erstreckt-Sein –

Sie sind so schön
Liebe, kehr bitte zurück
Darum bitte ich dich
Liebe

Der Mann machte sich aus dem Staub. Ich blieb mit Sehnsucht im
Herzen zurück und Ängste zogen aufs Neue auf. Ich fühlte mich so
heimatlos. In der polnischen Heimat – keine Heimat mehr. In dem
inzwischen so vertrauten Deutschland – keine Heimat. Wo ist meine
Mutter? Wo ist meine Heimat? Wo gehöre ich hin?

Es kann mir nichts passieren
Wachsen kann ich nur
Das Überschreiten der nächsten Angst
führt zu noch mehr Liebe
Liebe – Dir widme ich mein Leben
EIN Wort aus der Intention
entwickelt seine Macht.

Das innere Kind, das königliche Kind

Vor Jahren und auch danach bin ich diesem Konzept, diesem Begriff begegnet, noch in den Zeiten, als ich bei mir mein sog. „inneres
Messer" verspürte. Das Messer wandte sich gegen mich, richtete
mich und stach mich – z. B. in den Hals. Als sich zeigte, dass ich
Mutter werde (ich brachte zwei wunderbare Kinder zur Welt), war ich
mir dessen bewusst, dass ich alles daransetzen will und muss, gesund, heil und ganz zu werden, nicht nur für mich, auch für sie. Sie
waren mein großer Ansporn. Die Wut meiner damals kleinen Tochter
brachte mich definitiv an meine Grenzen. Ich entdeckte, dass auch
in mir in der Tiefe mächtige Wut lodert, was ich mir damals nicht
einzugestehen wagte. Unsere Kinder besuchten einen Naturkinder-
garten, auf dessen Gelände nicht nur Kaninchen und Hunde lebten,
sondern auch Schafe weideten. Wir Eltern kümmerten uns immer am

Wochenende um die Tiergesellschaft. Auf dem Gelände stand auch ein großer Bauwagen mit allen Gerätschaften in einer Truhe. An einem Sonntag war ich da und die Tür des Wagens klappte zu. Ich stand inmitten des pechschwarzen Raumes und tastete mich durch. Ich ertastete die Truhe und da ging mir auf einmal ein Gedanke durch meinen Kopf: „Was zeigt sich, wenn der Deckel der Truhe aufspringen würde? Was ist da drin?" Mit meinem geistigen Auge sah ich dort ein kleines, vielleicht dreijähriges Kind dort versteckt, allein, einsam und sehr erschrocken. Die Botschaft habe ich verstanden, das innere Kind erblickt und angenommen.

Das innere Kind pochte öfter an meine Tür und wollte gehalten werden. Einmal meldete es sich auf eine sehr krasse Art und Weise – und es war für mich nicht gleich klar, was geschah. Als bevollmächtigte Dolmetscherin für die polnische Sprache wurde ich für ein großes Strafverfahren (versuchter Mord) vors Gericht geladen. Sprachlich, dolmetschertechnisch verlief alles sehr gut, bis mir am Ende des dritten Tages eine Panne passierte. Der Richter bot dem Angeklagten an, das sog. „letzte Wort" zu sprechen. Der große, klotzige Mann gab den begangenen Diebstahl zu, aber zum vorgeworfenen „versuchten Mord" äußerte er sich mit folgenden Worten: „Ich glaube an Gott. Ich könnte niemanden töten". Diese Worte staken in meinem Hals und fingen an, ihn allmählich zu zerreißen. Ich verlor gänzlich die Fassung und brach in Tränen aus. Der Richter ordnete zwanzig Minuten Pause an, wo ich den Gang hin und her lief und mich mit Atemübungen zu beruhigen versuchte. Später, zu Hause, dämmerte es mir, dass meine so emotionale, eigentlich irrationale Reaktion mit der beabsichtigten Abtreibung meiner Mutter zu tun haben könnte, von der ich andeutungsweise schon in der Kindheit und später im Erwachsenenalter von meinem Vater erfahren habe. Ich wurde von diesem Richter nie wieder geladen, das war momentan natürlich nachteilig für mich. Der Vorfall brachte mich jedoch zur Frage nach Auswirkungen der beabsichtigten und dann doch nicht durchgeführten Abtreibung von einem Fötus und glücklicherweise in Konsequenz daraus zu einer zweimaligen Ausbildung in Familienstellen. Meine liebe Mutter habe ich in Rahmen der Ahnenforschung mit Fragen durchlöchert. Das Abtreibungsthema war in der Generation der Großmütter präsent. In meinem Fall wurde sie nicht vollzogen. Die ersten Aufstellungen im Stillen (ohne gesprochenes Wort) und noch bevor ich von den Abtreibungen erfuhr, zeigten immer wieder Tote, wie ich dieser Todesenergie verhaftet bin und wie sehr sie mein Leben und insbesondere die Beziehung zu meinem Mann beeinflusst hat. Damals konnte ich nicht viel damit anfangen, nach und nach verstand ich es, und in vielen kleinen Schritten verabschiedete ich mich von den Toten in den Ahnenreihen.

An einem Nachmittag setzte ich mich auf mein Meditationskissen und sah auf einmal vor meinem inneren Auge ein winziges Baby, einen Fötus – ganz klein. Er war eine winzige Miniatur eines nackten Menschen. Er lag in meinen Händen, die eine Art flache Schale bildeten. Er war mit einer dünnen Eisschicht überzogen. In mir war große Klarheit: „Nur betrachten, schauen – nichts tun." Genau das tat so gut. Am nächsten Tag setze ich mich wieder darauf und rief das innere Bild aufs Neue hervor, wollte den gefrorenen Fötus betrachten und siehe da, der Fötus wurde zum Baby, größer, aufgetaut und dann warm. Es hat sich sehr stimmig angefühlt, es einfach in die Arme zu nehmen und in der Umarmung zu halten. Ein anderes Mal ging ich auf der Straße und habe mich schwanger gefühlt. Schwanger mit mir selber. Ich trug mich selbst im Bauch, da war es so warm, so sicher, und ich fühle mich so glücklich.

Nach ein paar Jahren und ganz konkret vor einigen Wochen unterhielt ich mich mit einer guten Freundin, die mir in klaren Worten (nicht zum ersten Mal) mitteilte, dass mein Bestreben nach Selbstständigkeit auch ungünstige Züge annehme und dass sie mir wünsche und empfehle, ich möge mich innerlich mehr ins Zulassen, Annehmen und Empfangen – also mehr in die weibliche Energie – begeben. Ihre Worte zeigten wieder Wirkung. Nachts hat mich mein Kissen gerufen, kaum saß ich da, spürte ich so eine intensive Verbindung zu meiner Mutter, zu ihrer Mutter und der, die ihr das Leben geschenkt hat. Ich spürte nicht nur die Verbindung zu der weiblichen Ahnenlinie und die Dankbarkeit an sie, die sich in dem hochgekommenen Gedanken „Unseren Atem verdanken wir unseren Müttern" manifestierte, sondern auch mein tiefer Glaubenssatz „Ich muss alles allein schaffen" hatte seine Macht verloren. Ich erkannte, dass ich in etwas viel Größeres eingebettet bin, dass mir so viel geschenkt und gegeben wurde, dass ich das Leben in dieser menschlichen, momentanen Lebensform einem starkem Lebensstrom verdanke.

An dieser Stelle möchte ich erwähnen, dass die kleineren und größeren Heilungsschritte und Erkenntnisse nicht linear und aufsteigend erfolgten. Sie entfalteten sich in Progression, auf die wieder Regressionsphasen folgten. Aus dem Meer der Erinnerungen fische ich immer wieder auftauchende Bilder heraus. Vor einigen Jahren habe ich mit einer Freundin und mit unseren Kindern eine Malsession gemacht. Wir saßen auf dem Boden, an einem großen schwarzen Karton, auf welchem ich einen großen Kreis gezeichnet hatte. Einer Torte gleich wurde er in mehrere Stücke geteilt und jeder von uns wurde eingeladen, die einzelnen Stücke malerisch zu füllen. Es entstand ein kunterbuntes collageähnliches Gemeinschaftsbild. Mein Stück betrachtend entdeckte ich auf einmal, welches Bild sich da aus meiner Seele herausgeschält hatte: ein königliches Kind. So wunderschön, lebendig, in tänzerischer Bewegung und mit einer Krone auf dem Kopf war es auf den Karton gemalt. Ich habe mich so gefreut, es entdeckt zu haben, es in seiner Schönheit zu spüren. Immer wenn ich es spürte, war das Leben leicht und Energie floss frei durch. Und irgendwann verschwand wieder die Verbindung zu ihm. Die Suche begann erneut.

Ein paar Jahre später war ich auf einem Festival mit dem schönen Namen „Heartbeat". Dort hat jemand eine Meditation nach Veit Lindau zum „Magischen Kind" angeleitet. Sie wurde nicht an das „innere Kind", sondern an das „königliche Kind" adressiert. Ich interpretiere diese Bezeichnung als das höchste strahlende Potenzial in uns. Es folgten einige Fragen, eine traf mich ganz intensiv. Sie lautete: „Bist du hier, auf der Erde, komplett inkarniert?" Ich spürte eine tiefe Resonanz, einen Schmerz und wusste, die nächste Schicht der Integration kündigte sich an.

Meine leiblichen Eltern
sind meine kosmischen Eltern
sind meine göttlichen Eltern
Ich bin euer leibliches Kind
Ich bin das kosmische Kind
Ich bin das göttliche Kind

Der letzte Integrationstraum handelte von einem schönen zweijährigen Mädchen. Es lag nackt auf dem Boden, blonde Locken befanden sich wie gestreute Murmeln auf dem Teppich, aus blauen schönen und traurigen Augen kullerten Tränen. Eine große Person saß neben dem Mädchen und betrachtete es. Das kleine Mädchen hatte etwas Laszives und Unschuldiges zugleich. Parallel stand ich in einer Gasse und hielt die Hand meiner Nachbarin – einer alten Frau, die ich „eiserne Dame" nenne. So wirkt sie nämlich auf mich, hart sich selbst gegenüber, unglaublich diszipliniert, wie wenn es ihr an Wasser im Körper fehlen würde. Während ich so stand und ihre Hand sanft hielt, teilte ich ihr mit, wie sehr ich mich freue, dass sie weich geworden ist. Gleich nach dem Aufwachen, noch in der Energie des Traumes gefangen, ging ich als die Große zu dem Mädchen und fasste es an den Händen. Willig legte sie ihre Hände in meine, und so habe ich sie gehalten. Wie von einer magischen Kraft geleitet führte ich das Mädchen in eine Kammer mit einem stark abgedimmten Licht. Mitten an der vorderen Wand des Raumes befand sich ein großer Schreibtisch aus Massivholz mit einer Hauptschublade in der Mitte und weiteren vier bis fünf Schubladen links und rechts. In der Mitte des Tisches an der Wand abgestützt stand ein großer Spiegel. Das Mädchen stand vor mir, ich direkt hinter ihrem Rücken. Eine unsichtbare Kraft zog die Hauptschublade heraus, in der in einer Schatulle ein großer, ovaler, durchsichtiger Stein lag, und eine unsichtbare Hand legte ihn direkt an die Brust des Mädchens. Der transparente Stein fand zart seinen Platz in der Brust des Mädchens und sein Licht spiegelte sich im Spiegel wider.

Liebe Leserin, lieber Leser,

danke, dass du bis hierhin meine etwas verworrene Geschichte gelesen hast. Vielleicht fragst du dich auch, was denn mit der Erkundung des schamanischen Kontinents passiert ist, von der ich dir am Anfang berichtet habe. Meine schamanische Reise musste ruhen, damit die aufgestiegenen Unruhen sich in mir verdauen konnten. Von dieser Reise zu berichten würde lange dauern. Eins möchte ich zum Ausdruck bringen, die Verzweiflung und Zerrissenheit, die sich in der schamanischen Reise einstellte, brachte mich zu einer ganz klaren Entscheidung, nicht mehr zu leiden, meinem Herzen zu folgen, für mich komplett die Verantwortung zu übernehmen und mir und dem großen Unbeschreiblichen innig zu vertrauen. Selbstermächtigung und Hingabe in einem. Aus diesem Zustand stellt sich die Frage:

Wenn das Gemüt so still ist
Wenn das ruhige sanfte Nachtlicht
im schwarzen Gewässer erscheint
Was will von mir gehört werden?
Was gesehen und getan?

In tiefster Dankbarkeit danke ich, dass ich hier, auf diesem Planeten, in dieser Form und in diesem Körper sein darf. Dass mir das Leben hier gegeben wurde, dass ich die Verbundenheit mit der Erde, mit dem Leben und mit all seinen Erscheinungsformen fühle. Ich danke für diese Einsicht, für dieses Verständnis. Ich danke für jede Minute, ob ich spreche, schweige, mit anderen bin oder allein, putze, schwere Taschen schleppe, tanze, koche oder schlafe. Ich danke vom tiefsten Herzen für all das.

5

_

»Es gibt keine grössere

___

Kraft als die,

___

sich selbst zu sein.«

___

Heidi Weber Rüegg

Brückenbauerin für Leadership der neuen Zeit.
Begründerin von Joyful Leadership; dem freudvollen Weg
der Führung von sich selbst und anderen.

„Sei einfach du." Was auf den ersten Blick so einfach klingt, öffnet
bei weiterem Hinhören sehr viel Tiefe. Ich selbst zu sein hat viele
Facetten. Die wichtigste ist, dass ich erst einmal herausfinde, wer
ich denn wirklich bin. Nicht, wer ich sein könnte oder wie andere
denken, dass ich sein sollte. Ich selbst zu sein bedeutet, mich selbst
zu finden, mich zu lieben, mich zu leben. Als jüngstes von sieben
Kindern habe ich schon früh gespürt, dass ich nicht einfach „die
Siebente" sein wollte. Ich hatte immer das Bedürfnis, meinen
eigenständigen Weg zu finden und zu gehen.
Authentisch. Freudvoll. Echt.

www.impact-gmbh.ch
www.joyful-leadership.ch

Meine Wahrheit leben.

Meine Wahrheit sein

Heidi Weber Rüegg

Was sich so einfach sagt, ist aus meiner Sicht eine der grössten Aufgaben, die wir hier auf diesem schönen Planeten Erde zu meistern haben. Denn authentisch zu sein bedingt, sich selber zu kennen. Zu wissen, wer ich selber bin. Zu fühlen, was ich selber bin. Zu spüren, was mich im Kern definiert. Als Mensch und als Seele.

Von Herzen gerne lade ich dich hiermit auf die Reise zu deinem eigenen Ich ein. Denn du bist wichtig. Du bist einzigartig und du wirst gebraucht, in deiner vollen Kraft und Grösse. Und darum geht es mir hier. Dieser Beitrag soll dich inspirieren, bestärken und ermutigen, dich in deiner Wahrheit zu erkennen und dich mutig auf den Weg in Richtung „authentisch me" zu machen.

Wenn ich dich frage, wer du bist – in Wahrheit. Was antwortest du darauf?

Nimm mal ein Blatt Papier und schreibe einfach spontan 30 Aspekte auf, die dir zu dieser Frage einfallen. Und dann siehe dir deine Notizen an. Fühle in dich rein und sei ganz ehrlich mit dir: Wie viele dieser 30 Aspekte kommen wirklich (also wirklich wirklich) von dir selber – aus deiner Verbindung mit deinem puren Kern? Und wie viele der 30 Aspekte spiegeln eher das, was andere über dich sagen, was andere von dir denken oder was du von anderen gehört hast, wider, so dass es auf dich zutrifft? Ich stelle hier mal die Hypothese auf, dass 95 % deiner Notizen dich so beschreiben, wie dich die anderen sehen und nur rund 5% dem entspricht, wie du dich selber in der Tiefe fühlst und kennst.

Warum ist das so?

Na ja, überleg mal: Wie oft hast du in deinem Leben von anderen gehört, wer, was oder wie du bist? Wie häufig passiert das heute noch? Und wie sehr glaubst du diesen Aussagen? Als Kind hast du vielleicht sowas gehört wie: „Du bist genauso stur wie dein Vater, lachst wie deine Mutter, siehst aus wie dein Bruder, bist fleissig wie dein Grossvater oder charmant wie deine Tante."

Diese Zuschreibungen von anderen passieren ab dem allerersten Moment nach der Geburt. Sofort wird in dir ganz Vieles gelesen und gesehen. Das passiert allerdings immer aus den Augen der Betrachtenden – und ist damit immer eine Aussensicht. Ob diese Zuschreibungen wirklich auf DICH zutreffen und DICH ausmachen – das weisst nur du. Denn du bist die einzige Quelle zu dir selbst. Du bist die einzige Möglichkeit, wirklich an deinen Kern zu gelangen und herauszufinden, wer und was du bist.

Ich komme später dazu, wie dieses Herausfinden der eigenen Wahrheit – der eigenen Authentizität – gelingen kann und warum es so bedeutsam ist, genau das zu tun.

Erstmal bleiben wir noch bei den Zuschreibungen der anderen, die uns jeden Tag mehr prägen. Du hast es wahrscheinlich schon gehört, dass jede Erfahrung, jedes Erlebnis, alles, was wir sehen, hören, fühlen, denken oder sonst wie wahrnehmen können, in unserem System gespeichert wird. Dieser Speicherplatz befindet sich in unserem

Unterbewusstsein. Unser Unterbewusstsein speichert alles ab. Für jedes Erlebnis, Gefühl etc. wählt es quasi einen Ort, wo genau diese Erfahrung aufbewahrt wird. Wir können diesen Ort nicht konkret benennen (im Sinne von „bei der rechten Niere drei Zentimeter runter und dann noch einen rechts"). Wir haben damit auch keinen direkten Zugriff. Dennoch ist er da. Dieser Speicherplatz, der alles behält und nichts vergisst. Dieser Speicherplatz ist sehr clever angelegt. Denn je häufiger du eine Erfahrung machst, desto grösser wird der Speicher und es bilden sich regelrechte „Massenspeicher-Anlagen" in deinem System, die so gross sind, dass sie enormen Einfluss haben und dein Bild von dir selbst bestimmen.

Lass mich das kurz veranschaulichen: Wenn dir dauernd – also über Jahre – immer wieder gesagt oder auf andere Art vermittelt wird, du seist zu dick, zu dünn, zu hässlich, zu laut, zu leise, zu gross, zu klein, zu frech, zu scheu etc., wenn du genau diese Botschaften für viele Jahre jeden Tag hörst – immer wieder aufs Neue – dann speichert sich genau diese Botschaft täglich in dir ab. Immer wieder aufs Neue! Irgendwann sind deine Speicher rappelvoll von diesem Zeugs. So voll, dass du diesem Speicher vertraust – und dadurch selber glaubst, du seist zu dick, zu dünn, zu hässlich, zu laut, zu leise, zu gross, zu klein, zu frech, zu scheu oder sonst was. Und genau ab diesem Moment hat sie dich erwischt. Die „Falle der Selbst-Sabotage" ist zugeschnappt. Denn sobald du anderen Zuschreibungen mehr vertraust als dir selber, gibst du deine eigene Wahrheit auf.

Das ist der Moment, wo du dich von dir selber entfernst und stattdessen dem Bild der anderen folgst. Das passiert nicht, weil du nicht clever genug wärst oder so – nein! Das passiert, weil wir nirgends gelernt haben, wie wir UNSERE Wahrheit erkennen und leben können – statt dem Bild von anderen zu folgen. Es ist an dieser Stelle wichtig zu verstehen, dass das, was ANDERE über uns sagen oder denken, im Sinne eines Fremdbildes durchaus hilfreich sein kann – immer unter der Prämisse, dass es ein FREMD-Bild ist, das durch die Augen der anderen geschaffen worden ist. Dieses Fremdbild hat mehr damit zu tun, durch welche „Brille" die anderen dich sehen als damit, wer DU wirklich bist.

Und nun? Was hilft dir diese Erkenntnis?

Was sich vielleicht bis hierhin ganz entspannt und locker lesen lässt, ist im „wahren Leben" für viele Menschen ein intensiver Prozess. Anzuerkennen, dass wir über Jahre oder auch Jahrzehnte ein Selbstbild aufgebaut haben, das primär auf Erwartungen und Einschätzungen von anderen basiert als auf der eigenen Wahrheit, kann irritieren, verunsichern und weh tun. Diesen Schmerz gilt es zu ertragen, denn er ermöglicht uns, dass wir aus dieser „Falle der Selbst-Sabotage" austreten können. Wenn wir uns dem Thema stellen und uns wirklich auf den Weg machen wollen, unsere EIGENE WAHRHEIT herauszufinden, um sie dann authentisch zu leben. Bis dahin leben wir quasi das „Leben der anderen".

Wie mache ich mich auf den Weg zum ICH?

Sobald du dir diese Frage stellst, bist du schon unterwegs. Denn das Zulassen dieser Frage ist bereits das Zeichen, dass du bewusst oder unbewusst entschieden hast, DICH noch mehr zu leben und DICH noch mehr zu finden. Und das ist grossartig!
Also an dieser Stelle: Leg das Buch mal zur Seite und feiere diesen Schritt. Denn er wirkt vielleicht klein, ist allerdings ganz entscheidend auf dem Weg zum authentischen ICH. In diesem Sinn: feiere schön und komm dann gerne wieder hierhin zurück. ☺

Was kommt nach der Feier der ersten Erkenntnis?

Nach der Feier kommt quasi die Arbeit. Der Weg in die eigene Wahrheit ist keine „harte" Arbeit, fordert jedoch Disziplin und Ausdauer. Denn alles, was wir Jahre oder Jahrzehnte lang geglaubt haben, gilt es nun in Frage zu stellen und neu zu entdecken, um DICH zu finden. Um dich zu finden, darfst du in der Tiefe forschen. Was ist deine (also wirklich DEINE) Antwort auf die Fragen:

WARUM BIST DU HIER?
WARUM BIST DU HIER AUF DIESER ERDE – GENAU JETZT?
WOZU BIST DU DA?

Damit wir uns richtig verstehen: Diese Fragen sind weder rhetorischer Natur noch bringe ich sie aus einer philosophischen Sicht ein. Ich meine sie ganz konkret.

WARUM BIST DU HIER?
WARUM BIST DU HIER AUF DIESER ERDE – GENAU JETZT?
WOZU BIST DU DA?

Ein ganzheitlicher Blick hilft

Neigst du dazu, diese Fragen aus deinem Verstand zu beantworten, wirst du wohl kaum auf einen grünen Zweig kommen. Denn diese Fragen sind grösser als das, was unser Verstand erfassen und begreifen kann. Wenn du also nach logischen, beweisbaren Antworten suchst, wissenschaftlich geprüfte Zahlen – Daten – Fakten möchtest, dann lass mal los von diesem engen Bild.

Erstens, weil die Wissenschaft erst einen kleinen Teil der Themen erforscht hat, die den Menschen und das Universum ausmachen. Der allergrösste Teil ist von der Wissenschaft noch nicht mal ansatzweise durchleuchtet.

Zweitens, weil die Wissenschaft, die sich mit Themen „ausserhalb der Verstandesebene" wie beispielsweise mit der feinstofflichen Ebene auseinandersetzt, noch sehr jung ist und damit in der Welt der „traditionellen" Wissenschaft eher stiefmütterlich behandelt wird.

Und drittens – wobei nein. Ein Drittens braucht es gar nicht. Denn das Drittens ergibt sich von ganz alleine. Wenn du mal loslässt von der Idee, dass du alles mit dem Verstand erklären möchtest und musst. Denn an dieser Stelle sei gesagt, dass unser Verstand lediglich 5% von ALLEM, WAS IST, auch wirklich wahrnehmen und verarbeiten kann. Der allergrösste Teil unseres Seins – nämlich 95 % – ist eben NICHT mit purer Logik und rationalem Denken zu begreifen. Um uns diesen 95% zu nähern, brauchen wir mehr als den Verstand.

Wir brauchen unsere Intuition, unser Fühlen und unser Vertrauen in die ganzheitliche Wahrnehmungsfähigkeit, die auch die feinstofflichen Ebene (also die Ebene, die wir nicht greifen können) umfasst.

Wie finde ich jetzt die Antwort zu meinem ICH?

Lass uns einen Schritt weitergehen. Weg vom Verstand. Rein ins Herz. Da, wo unser Kern zu Hause ist. Da, wo unsere Weisheit und Intuition ihr Wohnzimmer haben. Mitten in deinem Herzen. Apropos: Wusstest du, dass die Energie des Herzens (also das magnetische Feld des Herzens) 5.000 mal stärker ist als diejenige des Gehirns? Unser Herz ist nämlich sehr viel mehr als die „Pumpe", die uns am Leben hält. Das Herz ist ein enormes Kraftfeld. Nicht umsonst wird das Zitat von Antoine de Saint-Exupéry (Der kleine Prinz) auch heute noch so oft als Referenz verwendet:

„Man sieht nur mit dem Herzen gut. Das Wesentliche ist für das Auge unsichtbar."

Und wenn du wirklich wissen willst, wer, was oder wie du bist – dann beginn, dich mit deiner Herzintelligenz zu verbinden. Gewöhne dir an, die Stimme deines Herzens zu hören, seine Sprache zu verstehen und seinen Botschaften zu folgen.
Darin liegt der Zauber. Darin liegt der Weg zum ICH. Darin liegt der Weg zur EIGENEN WAHRHEIT.

Was könnten für Entdeckungen auf dich warten?

So gern ich es tun würde – ich kann dir nicht sagen, auf was für Entdeckungen und Erkenntnisse du stossen wirst, wenn du dich auf deinen Weg zu dir selber machst.

Ich teile jedoch gerne in paar Erkenntnisse aus meinem Weg, denn meine jahrelange Praxis auf dem Weg zum eigenen Ich hat mich enorm gestärkt. Heute weiss ich, dass ich MEINE WAHRHEIT leben und teilen darf, ohne Anspruch, dass jemand anderes diese Wahrheit teilt.

Kernelemente meiner Wahrheit sind z. B.

1. Ich bin mehr als mein Körper, mehr als mein Verstand, mehr als mein Fleiss.
2. Ich bin Seele. Ich bin ein unendliches Wesen mit unbegrenzter Schöpferkraft.
3. Ich bin hier, um ein Beitrag zu sein. Mein Dasein ist kein Zufall, sondern eine Entscheidung und auch ein Auftrag meiner Seele.
4. Wenn ich meiner Freude folgte, tue ich automatisch das, was meiner Seele entspricht.
5. Wenn ich meine Freude verliere, verliere ich mich selbst.
6. Authentisch zu sein bedeutet für mich, meine Freude zu finden und zu leben.
7. Authentisch zu sein bedeutet für mich auch, dass ich alles, was nicht meiner wahren Freude entspricht, loslassen und transformieren darf.

Aus dieser Klarheit heraus ergibt sich ein ziemlich einfaches Fazit: Finde deine wahre Freude – und du findest dein wahres Ich.

Teil 2:
Authentisch ME – was bedeutet das für die Arbeitswelt?

In diesem zweiten Teil lade ich dich ein, mit mir einen Schritt weiterzugehen und Authentisch ME mit Blick auf die Arbeitswelt zu beleuchten. Noch konkreter gehe ich auf die Rolle der Führungskraft ein, die so enorm wichtig ist, um überhaupt einen kulturellen Rahmen zu schaffen, in dem es nicht nur möglich ist, sondern auch gefördert und unterstützt wird, Authentizität und ICH-Sein zu leben.

Die Führungskräfte sollen diesen kulturellen Rahmen nicht schaffen, weil es in einem Lehrbuch steht oder weil die Führungskraft gehört hat, dass Authentizität ein wesentlicher Faktor sei gegen Fachkräftemangel oder dass Authentizität die Produktivität erhöhe und damit schlussendlich zu mehr Profit und Gewinn führen kann. Natürlich sind das durchaus legitime Punkte, die es zu beleuchten lohnt. Allerdings empfehle ich nicht, rein auf diese äusseren Faktoren als Treiber für Kulturentwicklung zu setzen. Vielmehr ist es wichtig, sich zu fragen, wofür wir als Team oder Unternehmen stehen wollen und welchen Beitrag ich in der Führungsrolle einbringen kann.

Im Zentrum steht die Frage, welchen Sinn (Purpose) wir als Firma schaffen und wofür wir da sein wollen. Hier geht es um die tiefe Frage, welchen Beitrag wir im Dreiklang der Nachhaltigkeit zwischen „People – Profit – Planet" leisten wollen. Erst wenn dies in der Tiefe erarbeitet worden ist, stellt sich die Frage, WIE – also auf welche Art und Weise (Werte, Umgang, Kultur) – wir genau diesen Beitrag leisten wollen.

Kultur ist also etwas, das sich am übergeordneten Sinn (Purpose) des einzelnen Unternehmens ausrichtet und im Idealfall die Ebenen „Menschen – Wirtschaftlichkeit – Planetare Grenzen" berücksichtigt, um eben nicht nur kurzfristige, sondern nachhaltige Erfolgsmomente zu schaffen.

Was hat das nun mit Authentizität in der Arbeitswelt zu tun?

Mit den vorherigen Ausführungen wird deutlich, dass Authentizität in einem Unternehmen erst dann zu einem echten Kulturmerkmal und zu einem möglichen Wettbewerbsvorteil wachsen kann, wenn sie zum Kernziel (Purpose) des Unternehmens passt. Wo Authentizität nicht als Mehrwert gesehen wird, wird sie sich nicht durchsetzen können.

Dazu ein kleines Beispiel: Wenn du auf der einen Seite an Unternehmen denkst, die als obersten Zweck die Gewinnmaximierung haben und primär „die Nr. 1 im Markt" sein wollen und auf der anderen Seite eine Organisation betrachtest, deren Ziel sowohl glückliche Mitarbeitende als auch gewinnbringende Geschäfte und nachhaltige Produktionsmethoden verbinden ... in welcher der beiden Organisationen wird Authentizität wohl eher gelebt?

Ja, ich weiss, die Frage ist rhetorischer Natur. Das macht sie jedoch nicht weniger relevant. Denn auch noch heute ist es so, dass die meisten Organisationen ihren Fokus einseitig am betriebswirtschaftlichen Gewinn ausrichten und die Frage nach Nachhaltigkeit im Umgang mit Ressourcen stark vernachlässigen. Nicht umsonst wachsen die Burnout-Raten im DACH-Raum seit den letzten 10 Jahren kontinuierlich an, und nicht zuletzt zeigen die regelmässigen Gallup-Studien mit dem Engagement-Index im DACH-Raum, dass die Bindung der Mitarbeitenden zu ihrem Arbeitgeber in den Jahren 2020/2022 auf bedenkliche 12 bis 15 % gesunken ist.

Im Umkehrschluss bedeutet das, dass rund 85 % aller Mitarbeitenden offen für eine neue Anstellung oder sogar konkret auf der Suche nach ihr sind. Die Gründe dafür? Egal welche Studie ich lese oder in welchen Unternehmen ich selber nachfrage. Im Kern geht es stets um fehlende Wertschätzung, ungenügende Kommunikation und/oder fehlende Interaktion.

Das ist übrigens kein neues Phänomen, sondern schon seit einigen Jahren so. Statt dass wir das einfach „weiter laufen lassen", könnten wir hier doch was tun, oder? Denn ganz ehrlich: Wertschätzung, Kommunikation und Interaktion sind Dinge, die wir aktiv beeinflussen und gestalten können. Wir können hier neue Wege gehen, neue Paradigmen leben und neue Formen finden – vorausgesetzt, wir wollen das.

Und hier kommt die Führung ins Spiel

Ein Wandel in der Arbeitswelt und damit auch eine Neugestaltung im Miteinander gehen nicht ohne Führung. Wobei Führung nicht immer im hierarchischen Sinn verstanden werden kann. Gerade die sogenannten „Graswurzelbewegungen" zeigen, dass Führung auch von der Basis aus gelingen kann. Graswurzelbewegungen entstehen, indem die Basis (also die Mitarbeitenden) die Initiative ergreift und quasi eine „Entwicklung/Veränderung von unten" anstösst.

Damit eine solche Initiative Erfolgschancen hat, braucht es die Unterstützung von der formalen (also von der hierarchischen) Führung. Denn am Ende löst die stärkste Basisbewegung nicht viel Neues aus, wenn die formal Verantwortlichen mit ihren Entscheiden alles abblocken. Gleichzeitig ist es auch so, dass Initiativen, die nur von „oben" – also von der hierarchischen Führung – vorgegeben werden und nicht auf Resonanz bei den Mitarbeitenden stossen, selten nachhaltige Veränderung schaffen. Weder in Prozessen und Abläufen, noch in den Herzen der Menschen.

Fazit 1: Ob von unten oder von oben – Veränderungen brauchen Initiative und Führung.

Fazit 2: Die grösste Erfolgschance entsteht, wenn Initiativen im hierarchieübergreifenden Miteinander – also auf Augenhöhe – zusammen entwickelt und umgesetzt werden.

Maske runter für echte Augenhöhe und Authentizität

Augenhöhe. Klingt erstmal gut. Es wird ja auch häufig darüber gesprochen. Genauso wie über Authentizität. Und nach dem „Darüber-Sprechen" ist es nun an der Zeit, Augenhöhe und Authentizität ins aktive Leben, in den konkreten Arbeitsalltag zu bringen.

Der erste Schritt dazu?
Ziehe all deine Masken aus!

Leg' alle deinen Masken ab. Trau dich stattdessen, das Kleid deines eigenen ICHS zu tragen. Nähere dich deinem wahren ICH jeden Tag ein Stückchen mehr. Und schaffe den Raum, dass auch deine Mitarbeitenden diesen Weg gehen können.

Apropos, falls du überrascht sein solltest über diese Schritte, vertiefe dich bitte nochmals in den ersten Teil dieses Kapitels. Tauch nochmals darin ein, weshalb es wichtig ist, dass du dein eigenes ICH (wieder) findest und mit Freude lebst.

Zum Aspekt der Freude habe ich eine wichtige Frage an dich:

Wie sehr entspricht es deiner wahren, inneren Freude, eine Führungsrolle auszufüllen?

Wenn du dich auf einer Skala von 1 – 10 einschätzt (1 = Führung macht mir keine Freude, ist mehr Druck als Lust, mehr Qual als Wahl / 10 = ich liebe es, die Führungsrolle zu leben, mit Menschen zu agieren, zu gestalten, Räume zu öffnen etc.) ... wo stehst du da?

Und bitte sei ehrlich zu dir. Denn authentisch sein beginnt im Umgang mit dir selbst und bedingt absolute Ehrlichkeit dir gegenüber. Jede Form von Ausweichen, Beschönigen, Vernebeln, Wegschauen ist eine Form von Maske, die du trägst.

Wie sehr liebst du es, Leader:in zu sein?
Authentisch. Ehrlich. Echt.

Denn das ist es, was es braucht. Es braucht DEIN VORANGEHEN und DEIN VORLEBEN. Solange du noch Masken trägst, ist es mit der Authentizität als Kulturelement schwierig. Sobald du dich hingegen entscheidest, die Masken fallen zu lassen, tun sich neue Türen auf. Türen, die den Weg in ein Miteinander auf Augenhöhe ermöglichen.

Dahin zu kommen, ist eine Reise. Eine Reise, die sich wegbewegt von aufgesetztem Führungsverhalten, von eingetrichterten Gesprächstechniken. Sie führt auch weg von purem Profit-Fokus und weg vom einseitigen „Es-geht-hier-um-die-Sache-Denken". Damit verlässt sie den Hafen, in dem nur das gilt, was die Führungskraft sagt und nur wichtig ist, wer in der Hierarchie oben ist. All diese alten Muster und Paradigmen gilt es loszulassen. Radikal.

Erst das radikale Loslassen des Bisherigen ermöglicht den Weg ins Neue. Das Neue beschreibe ich gerne als Ort (oder besser noch als Zustand), in welchem jede:r Einzelne mit der eigenen, geheilten Persönlichkeit und den dazu gehörenden Talenten wichtig ist und sich genau damit einbringen kann.

Es ist ein Ort (oder eben ein Zustand), in dem es nicht mehr darum geht, wer besser oder schlechter ist, wer Recht hat oder nicht, wer mehr weiss als der andere, wer sich lauter behaupten, besser profilieren oder geschickter positionieren kann. Das alles ist nicht mehr relevant. Weil es nicht mehr darum geht. Es geht nicht mehr darum, irgendjemand irgendetwas zu beweisen, Dinge mit Blick auf einen überzeugenden Lebenslauf zu tun oder den Erwartungen von anderen zu genügen. Aus dieser Phase sind wir raus.

Und genau hier öffnet sich die neue Welt – eine Welt, in der du wichtig bist. Du bist wichtig. So wie du in Wahrheit bist.

Dein geheiltes ICH verändert die Arbeitswelt!

Ja, es ist wirklich so. Du kannst enorm viel bewegen, wenn du dich dazu entschlossen hast und deinen Weg gehst. Du kannst enorm viele Menschen inspirieren, indem du dich traust, dein authentisches, geheiltes ICH zu leben. Nicht nur zu Hause und bei Freunden – sondern gerade auch in deinem Berufsalltag. Denn Authentisch ME ist deine pure Identität. 24/7. Sie braucht weder Pausen noch muss sie sich irgendwo zurückhalten. In der geheilten Form ist Authentizität in jedem Moment perfekt.

Der Weg zum geheilten Ich führt dich dahin, wo du nichts mehr beschönigen, überspielen oder kompensieren musst. Weil du dir selber genug und mit dir im Reinen bist. So, wie du bist. Authentisch Me. Nicht mehr und nicht weniger. Du bist genug.

Wie erkenne ich, ob ich authentisch bin?

Wie du feststellen kannst, dass du Authentisch Me lebst, ist ganz simpel. Sobald du keine Ausreden mehr suchst, dich nicht mehr hinter deiner Kindheitsgeschichte, hinter schwierigen Erfahrungen, strengen Eltern oder sonstigen Lebensumständen versteckst, sondern im Hier und Jetzt zu dem stehst, was ist. Ohne Strategie, ohne Taktik, ohne Spielchen. Diese Stärke zeichnet Persönlichkeiten aus, die ihr Sein aus dem „Authentisch Me" heraus gestalten.

Führungskräfte, die sich auf dem Authentisch-Me-Level bewegen, erkennst du auch daran, dass sie sich nicht mehr hinter Vorgaben oder Rahmenbedingungen verstecken. Aussagen wie „dafür kann ich nichts, das hat die Geschäftsführung so entschieden" wirst du hier nicht finden. Authentische Führungskräfte halten auch niemanden klein, sie benötigen keine lauten Worte, um gehört zu werden und setzen weder Drohgebärden noch harten Druck als „Mittel zum Zweck" ein.

Augenhöhe bedingt Authentizität

Sich auf Augenhöhe zu begegnen ist fast schon ein geflügeltes Wort. Daher möchte ich es zum Schluss nochmals aufgreifen. Für mich bedeutet Augenhöhe, dass ich sowohl mir als auch anderen gegenüber ohne Wertung begegne. Jede:r von uns hat Bedeutung. Jede:r von uns ist wichtig. Jede:r von uns richtig, genauso wie er oder sie ist.

Das ist für mich die Haltung „hinter" der Idee von Augenhöhe. Es gilt also, Bewertungen loszulassen und ins Annehmen zu kommen. Ins bedingungslose Annehmen der eigenen Person und auch des Gegenübers. Ohne Vorurteile, ohne sich über andere zu erheben oder sich klein zu halten.

Kannst du dir vorstellen, wie befreiend sich diese Haltung auf dein Leben auswirkt? Spürst du diese enorme Kraft, die darin liegt? Und dabei beginnt und endet alles in dir. In deiner Entscheidung, authentisch zu sein. Wahrhaftig zu sein.

Und als Führungskraft hast du die Möglichkeit, diesen Weg auch deinen Mitarbeitenden zu ermöglichen. DAS bedeutet Leadership im Kern. Es bedeutet, neue Räume zu erschliessen, Übergänge zu gestalten und andere zu begleiten, den Weg vom Alten ins Neue zu gehen. Für mich ist das eine der allerschönsten Aufgaben, die ich mir überhaupt vorstellen kann. Dafür lohnt es sich, mich meinem eigenen Ich zu stellen und mutig den Weg in Richtung Authentisch ME zu gehen.

Checkst du ein?

Ich gebe zu, ich möchte dich mit diesem Beitrag ermutigen. Inspirieren. Bestärken. Einladen. Ich möchte dir sagen, dass nichts wichtiger ist, als dass wir unser Leben aus dem wahren Ich heraus leben. Denn das wahre Ich ist ein Geschenk – für uns selbst und alle anderen.
Es handelt nicht aus purem Ego, sondern will ein Beitrag sein. Das wahre Ich steht zu der eigenen Grösse und unterstützt andere, die eigene Grösse zu entdecken. Das wahre Ich kennt weder Konkurrenz noch Status-Gehabe. Denn es zelebriert die hohe Energie der Freude, des Miteinanders und der Leichtigkeit – bis in die kleinste aller Zellen.

In diesem Sinne wünsche ich dir eine grossartige Reise auf dem Weg zum Authentisch Me!

Auf geht's – der Check-in ist bereit!

6

—

»Turbulente Zeiten brauchen

starke Lebens- und

Lebensraumgestalter!

Wer, wenn nicht du!

Wann, wenn nicht jetzt!«

(Ulrike Keferstein)

Ulrike Keferstein

Als Mentorin unterstützt Ulrike Keferstein Geschäftsführer, Experten und Persönlichkeiten dabei, mehr Energie und mehr Zeit für Partner, Kinder und Hobbys zu haben sowie eine bessere Gesundheit zu erlangen. Selbst Unternehmerin, kennt sie die Momente innerer Unruhe, schlechten Schlafs oder Krisen, die dazu führen, nach dem Sinn des Lebens zu fragen. Mit 65 Jahren verfügt sie über außergewöhnliche Lebenserfahrungen, umfangreiche Aus- und Weiterbildungen und unternehmerische Fähigkeiten. Dieses ganzheitliche Wissen teilt sie durch Bücher, Vorträge, in Seminaren oder im Mentoring.

Ulrike Keferstein kombiniert einfühlsames und zukunftsweisendes Handeln mit ihren Erfahrungen und Kompetenzen. In den nächsten 65 Jahren unterstützt sie die Entscheider, die Lebens- und Lebensraumgestalter sein werden und die Welt für sich persönlich und unsere Kinder zu einem besseren Ort entwickeln!

https://uk-wertecoaching.now.site

Was ist, wenn der

Klimawandel gar nicht

unser Problem ist?

Ulrike Keferstein

Alle Welt spricht über den Klimawandel – und das zu Recht. Doch abseits dessen sollten wir uns noch viel mehr Gedanken über etwas anderes machen: den Verlust von Werten, die universelle und globale Gültigkeit haben, unabhängig von Kultur, spiritueller Ausrichtung oder religiös geprägten Glaubensgemeinschaften. Ohne diese funktionieren ein wirkliches authentisches Sein im Miteinander, insbesondere der Umgang mit den Ressourcen dieses Planeten und damit eine lebenswerte Zukunft, nicht.

Unternehmen, Parteien und Privatleute überbieten sich dabei, mit seriösem Blick und sorgenvollem Ton auf die Klimakrise, die Kriege und weltweiten Unruhen, die wirtschaftliche Finanzlage, Hungersnöte, Epidemien, Katastrophen und vieles mehr zu verweisen. Das ist gut und richtig so, aber nicht mehr Stand der neuesten Forschung, wenn es darum geht, die größte Krise unserer Zeit zu benennen und zu bearbeiten. Klimawandel, der Verlust der Biodiversität und andere Katastrophen sind unser Problem, entscheiden aber letzten Endes nur darüber, ob es bei unserem Aussterben etwas kühler oder wärmer sein wird, wenn wir einer anderen Krise nicht Herr werden: dem Verlust von menschlichen Eigenschaften, die sich im Miteinander, im Umgang mit dem Geschenk Ökosystem und mit dem Geschenk unseres Körpers manifestieren. Der Klimawandel entscheidet darüber, wie und unter welchen äußeren Bedingungen wir in Zukunft leben, der Verlust von einem göttlichen, werteorientierten Miteinander darüber, ob wir überleben. Der Verlust von universell geltenden menschlichen Eigenschaften führt zu Unfrieden, Armut, Abhängigkeit und – wie bereits sehr stark zu spüren ist – zu Klimawandel, Artensterben und Ausbeutung der Ressourcen dieser Welt. Ob wir es als Einzelne im Miteinander wirklich ernst meinen und diese Eigenschaften etablieren wollen, die zu Frieden, Freiheit, Wohlstand für uns selbst und alle anderen führen können, hängt davon ab, wie wir uns in den nächsten Jahren in dieser Welt aufstellen. Nicht durch Manipulation oder Macht etc., selbst wenn sich dies scheinbar positiv anfühlt. Allein an unsere Kinder und Enkel zu denken sollte dabei ausreichen, um selbst in diesen Veränderungsprozess einzutreten.

Worüber reden wir?

Unter Diversität versteht man die Vielfalt des Lebens auf unserem Planeten auf der Ebene von Genen, Arten und Ökosystemen. Zunächst ist es wichtig festzuhalten, dass diese Vielfalt des Lebens massiv bedroht ist. Hier spielen der Mensch und seine Maßlosigkeit die wesentliche Rolle. So rasant wie in den letzten 50 Jahren Arten aussterben, stirbt auch unsere Freiheit, unsere Unabhängigkeit, unser ganzheitliches Wahrnehmen, der Respekt der Diversität des Menschen und der universell und global geltenden Gesetzmäßigkeiten aus. Wir reden hier nicht von einer Aussterbewelle. Die Freiheit, die Unabhängigkeit von Menschen und Situationen, Eigenverantwortung und Verantwortungsübernahme sind aber alle sehr, sehr selten geworden. Es ist ein schleichender, ein kaum wahrnehmbarer Prozess. Vielleicht noch deutlich täglich zu hören in den Nachrichten, wenn von Macht und Ohnmacht der Weltgeschehnisse berichtet wird. Doch fühlen wir uns da persönlich in unserer Individualität angesprochen und hinterfragen die Diskrepanz zwischen unseren eigenen Macht- und Ohnmachtsstrategien? Nicht nur gefühlt zerrinnt uns die Zeit zwischen den Fingern, es ist alles schnelllebiger geworden, und wir befinden uns, wie schon erwähnt, in einem nie dagewesenen Wandel auf allen globalen, sozialen und wirtschaftlichen Ebenen. Ein Beispiel laut Fokus: Artensterben. Der statistischen Hochrechnung nach bedeutet es, dass das Dinosaurier-Sterben vor 66 Millionen Jahren etwa 33.000 Jahre in Anspruch nahm, heute im Zeitraffer von nur 33 Jahren ablaufen würde.

Oder: In der „Aktuellen Stunde" im WDR war dies das große Thema der Sendung „Der Sommer 23 der Extreme" mit Jens Plöger: Die Brände auf Rhodos, Hawaii, in Südfrankreich, eine Schlammlawine in Italien, das Mittelmeer wird immer wärmer – welche Rolle spielt der Mensch dabei? Da kommt ein Tsunami auf uns zu. „Ich sehe den und sehe aber auch leider, dass ganz viele Menschen in unserer Gesellschaft den nicht sehen", kritisierte Jens Plöger. Das aber sei notwendig, um wirklich Dinge zu verändern. Dafür sei es erforderlich, dass die Gesellschaft zuvorderst Haltung einnehme. „Wir haben eine Wunschwelt, in der wir leben", so Plöger.

Ich selbst habe volles Verständnis dafür, ich bin auch Mensch und Teil des Ganzen. Ich muss mich an vielen Stellen auch noch in die Verpflichtung der Verantwortungsübernahme stellen. Plöger sagte weiter: „… Und Wunschdenken und Realität gehen mittlerweile immer weiter auseinander, da ist eine riesige Lücke. Darüber reden ist schön, aber wir müssen anfangen zu handeln …" Mein persönliches Fazit: „Wachwerden, Veränderungsbereitschaft, Eigenverantwortung übernehmen und individuelle Korrekturen im Lebensstil vornehmen!"

Brechen wir das Ganze noch einmal auf den einzelnen Menschen herunter, Teil dieser so in Diskrepanz lebenden Gesellschaft. Alles, was da im Außen geschieht, bringt mit sich, dass eine zunehmende, schleichende Angstwelle wie ein Schleier über den Menschen liegt, die sie in eine Depression fallen lässt und sie handlungsunfähig macht. Hier liegt die größte Gefahr, denn psychologisch ist nachweisbar, dass niemand besser zu manipulieren ist als Menschen, die von unverarbeite-ten Ängsten und Gefühlen getrieben werden. Freiheit, Unabhängigkeit, Eigenverantwortung und Verantwortungsübernahme wären die Hilfe! Doch werden genau diese Eigenschaften aus purer Angst an Dritte un-reflektiert übertragen und das, weil diese Dritten scheinbar beruhigen-de Lösungen anbieten, aber auch gleichzeitig von uns zu Schuldigen gemacht werden, wenn es dann so nicht funktioniert. Ein Paradoxon, aber real.

Trotz verbesserter medizinischer Versorgung mehr Krankschreibungen

Ein anderes Thema, aber unmittelbar damit verbunden, ist das The-ma Gesundheit. Wir werden alle älter als noch vor 100 Jahren. Die moderne Medizin ist so weit und doch hat sie für viele nicht zu diag-nostizierende Schmerzen etc. keine andere Erklärung außer Stress. Auch geht sie den eigentlichen Ursachen nicht auf den Grund und ist auf Behebung von Symptomen ausgerichtet. Der Arbeitnehmer wird krankgeschrieben, mit Medikamenten versorgt und kostet dem Ge-sundheitssystem unser aller Geld und dem Unternehmen hohe Lohn-kosten. Zusatzfolgen wie Überlastung durch Personalmangel sorgen für weitere Kosten. Inzwischen wissen wir aber aus vielen Quellen, dass die Ursache von Krankheiten in uns selbst verborgen liegt. Wie das? Wissenschaftliche Studien zeigen sehr deutlich, dass Gefühle und Emotionen, die ungeklärt und unverarbeitet sind, sich z. B. neben menschlichen Reaktionen wie Aggression, Burnout oder depressivem Verhalten in körperlichen Reaktionen auswirken und inneren Stress auslösen, den es zu definieren gilt (Kurt Tepperwein). Das geschieht aber nicht. An dieser Stelle bin ICH selbst gefragt, ICH muss mir Men-schen meines Vertrauens suchen, die mir helfen, in diese Klärung zu kommen, und das muss kein Psychologe oder Therapeut sein. Es ist eine normale und menschliche Herausforderung, die es zu lösen gilt, und grundsätzlich ist das doch keine Krankheit. Jeder von uns trägt die entsprechende Antwort in sich, doch sie liegt verborgen, und nur sensibles Hineinfühlen, Fragenstellen und das Betrachten aller Lebensbereiche führen zu dem Schlüssel unserer Selbstwahrnehmung und unseren Selbstheilungskräften. Seien wir einmal ganz ehrlich zu uns und dem, was wir unserem Gesundheitssystem antun: Die Natur ist sehr erfinderisch, ist die eine Krankheit besiegt, erfindet sie eben eine neue! Wem dient das heute? Einem riesigen Wirtschaftszweig, der von uns gefördert und von unserem bezahlten Gesundheitssystem bedient wird. Ganz abgesehen von der Belastung für das Klima und dem globalen und marinen Ökosystems, da 80% der Wirkstoffe und Medikamente aus Indien oder China kommen. Eine ungute und alle belastende Spirale. Wem schadet dies aber am meisten? MIR! Wir müssen aufwachen, denn wir sind die, die daran etwas ändern können, zu unserem eigenen Nutzen, zu unserem eigenen Wohlbefinden und zu unserem Glück. Der persönliche Erfolg hat aber noch weitere Auswirkungen und der ist ganz wesentlich: Wir unterbrechen damit den Dominoeffekt in der Belastung unseres Gesundheitssystem und damit auch des Ökosystems.

Als Unternehmer auf in die verdiente Freiheit

Was bedeutet das für unsere Unternehmen und besonders für ihre Inhaber? Sie müssen gestärkt und unterstützt werden. Dort verbringen die Menschen 1/3 ihres Lebens. Die Wechselwirkungen und Diskrepanzen, die im menschlichen Miteinander entstehen, sind die Auslöser. Erlauben wir uns als Geschäftsführer und Experte jeder Branche, wieder wir selbst zu sein, nicht dem Unternehmen dienende Roboter, sondern Menschen, deren innere Stimme der ganzen Fülle ihres Seins und der Verwirklichung einer inneren Vision folgt. Dazu muss weder das Unternehmen noch die Umsätze noch Beziehungen gefährdet oder vernachlässigt werden, sondern im Gegenteil. Erkennen ist gefragt, sich entscheiden, die Fülle des Lebens einzuladen, ganz anzunehmen und einen für alle vereinbaren Umstrukturierungsprozess einzuläuten. Für das eigene Leben und dem Leben des Unternehmens. Dies bedarf einer vertrauensvollen und kompetenten Unterstützung, die aus

Erfahrung arbeitet und nicht aus der Theorie, die Unterstützung, Begleitung, Beratung geben, sich schnell hineindenken kann und an den Stellschrauben blockierender Hindernisse effizient und geduldig dreht. Vom Unternehmensgestalter hin zu einem zukunftsweisenden und nachhaltigen Lebens- und Lebensraumgestalter. Aus Abhängigkeiten raus in eine innere und äußere Unabhängigkeit und Freiheit.

Das Universum als bester Dienstleister

Fokus-Autorin Fr. Fischer schreibt dazu: Was zunächst klingt, als wäre das nun wirklich nicht unser Problem, gewinnt rasch an Relevanz, wenn man weiß, dass Diversität die Grundlage für Systemleistungen ist. Diese Leistungen, die das Universum für den Menschen zu seinem Wohl erbringt, lassen sich in vier Kategorien unterteilen:

- Versorgungsleistungen umfassen alles, was wir direkt aus der Natur entnehmen dürfen.
- Die zweite Gruppe bezeichnet man als Regulierungsleistungen. Sie umfassen unter anderem die Regulation des Weltklimas oder die Verhinderung von Erosionen.
- Die dritte Kategorie sind Basisleistungen. Zu ihnen gehört die Fähigkeit bestimmter Organismen – meist über Photosynthese –, aus anorganischen Molekülen organische zu machen, fruchtbaren Boden zu bilden und globale Nährstoffkreisläufe aufrechtzuerhalten.
- Die vierte und letzte Kategorie umfasst kulturelle Leistungen, wie die Erholung, die wir in der Natur finden, die Inspiration oder ihre ästhetischen Werte.

Berechnet man den ökonomischen Wert dieser Ökosystemleistungen, kommt man auf monetäre Werte, die jedes Jahr etwa doppelt so hoch sind wie das weltweite Bruttosozialprodukt. Gleichzeitig wissen wir, dass etwa 60 Prozent dieser menschengemachten Wirtschaftsleistungen direkt oder indirekt von Leistungen der Natur abhängen. Egal ob Banker, Bauer oder Betriebswirt, die Natur ist ihr bester Dienstleister.

Ich füge die fünfte Kategorie hinzu:
- die spirituelle Leistung, diese umfasst die universell und global geltenden Eigenschaften im Miteinander.

Gigantischer Wert contra maximale Abhängigkeit
Ein theologischer Ausflug

Alle Leistungen, die wir ersetzen, kosten Geld und benötigen weitere Eingriffe in die Natur, die Wirtschaft und ins Ökosystem. Wir sind in einer Abhängigkeitsfalle, einer nicht enden wollenden Spirale. Und da sind wir wieder am Anfang dieses Beitrags und bei der Frage, warum wir eigentlich über das falsche Thema sprechen, wenn wir nur über Klimawandel reden. Der fortschreitende Klimawandel trifft am Ende nur uns Menschen. Die Erde wird sich neu erfinden, doch bereits vor 40 Jahren haben die damaligen Wirtschaftsweisen – und dieser Satz hat mich nachhaltig beeindruckt – einen einzigen Satz gesagt: „WIR BRAUCHEN EINEN NEUEN MENSCHEN!" Ein Satz, der zwei Tage durch die damaligen Medien ging, um dann für immer vom Bildschirm zu verschwinden. Ich widmete mich schon vorher mit dieser Thematik, damals noch mit Blick auf die „anderen". Im Laufe meiner zunehmenden und weiterführenden Ausbildungen musste ich eines Tages einer erschreckenden Erkenntnis ins Auge schauen.

Ich selbst lebte, lernte, redete und handelte aus meinem Kopf, manchmal spontan aus dem Bauch heraus, aber doch selten aus dem Herzen. Meine Leidenschaft jedoch, der Suche danach, Kopf, Bauch und Herz in Einklang zu bringen und mein Handeln einer intuitiven, aufrechten, tiefen inneren Haltung folgen zu können, bedurfte es jedoch eines langen, steinigen, von Höhen und Tiefen geprägten Weges. Eines Lebens geprägt von Erziehung, geprägt durch Bewertungen in meiner Kindheit und später auch von Meinungen der Menschen, die in der Bevölkerung einen hohen Stellenwert darstellten. Unabhängigkeit und Freiheit hat aber nur etwas mit mir selbst zu tun. Dazu muss ich mir bewusstwerden und anerkennen, dass ich selbst Schöpfer, Gestalter,

Handelnder bin und nur ein klein weniger geringer gemacht als Gott, das Universum oder die höhere Intelligenz, wie das auch immer jeder für sich das definieren möchte. Einstein spricht in seiner Quantentheorie, die heute überall Einzug gehalten hat, von einer Matrix, einem Feld, in dem alles mit allem verbunden ist. Alles auf alles in allen Bereichen Auswirkungen hat. Da ich im christlichen Abendland groß geworden bin, habe ich schnell im Buch der Bücher einen Abschnitt entdeckt, der im Grunde nichts anderes aussagt.

Zitat Bibel: Psalm 8.4ff

[4] Wenn ich sehe die Himmel, deiner Finger Werke, den Mond und die Sterne, die du bereitet hast. [5] Was ist der Mensch, dass du seiner gedenkst, und des Menschen Kind, dass du dich seiner annimmst? [6] Du hast ihn wenig niedriger gemacht als Gott, mit Ehre und Herrlichkeit hast du ihn gekrönt. [7] Du hast ihn zum Herrn gemacht über deiner Hände Werk, alles hast du unter seine Füße getan.

Diese Sätze klingen in unseren Ohren ein wenig verstaubt, aber enthalten so viel Wahrheit. Deshalb versuche ich es mal mit meinen Worten, wie ich das im Heute verstehe: Menschen, die dies respektieren, sich in vollem Vertrauen dieser Weisheit unterstellen, werden den Frieden, den Wohlstand, die Freiheit und Unabhängigkeit im Licht genießen. Denn Gott meint es nur gut mit denen, die auf ihn und seine Regeln im Miteinander vertrauen. Denn diese positive Energie ist pures Licht. Diese so aufschlussreiche Beschreibung finden wir in der Theologie (die Lehre von Gott), nicht nur in der Bibel. Spiritualität ist den Menschen auf dem ganzen Planeten zu eigen, jedoch je nach Kultur, Zeit und Historie mit der jeweiligen Sprache. Die holistische oder ganzheitliche Betrachtung des Menschen, eingebettet im Göttlichen, ist verschieden und doch in der Tiefe überall ähnlich. Wir Menschen der westlichen Welt haben uns redlich bemüht, dies zu trennen. Doch wir kommen nicht drum herum, die Höchste Intelligenz, die in uns Menschen verankert ist und wohnen will und von vollkommener Liebe, reinem Licht geprägt ist, wird immer wieder in uns erweckt, soweit wir uns ihr öffnen.

Alles etwas sehr poetisch oder theologisch? Mag sein, doch es lässt deutlich erkennen, welche Kraft und welche Vollmacht wir übertragen bekommen haben, und sagt gleichzeitig etwas über uns aus, was sich selbst in religiösen Gemeinschaften kaum aussprechen lässt: Die gesamte universelle Kraft, die universelle Liebe, das universelle Wissen und die universelle Weisheit sind in uns selbst angelegt. Freiheit und Unabhängigkeit in diesem Sinne ist Vollmacht, nicht Macht über ein Geschenk … Freiheit und Unabhängigkeit bedeutet hierbei, aus der Ohnmacht und dem Verlust unserer ursprünglichen Schöpfermacht wieder der Kraft, der Power und Authentizität unserer inneren weisen, göttlichen Stimme, der Intuition aus dem Herzen, der göttlichen Intelligenz in uns zu folgen. Sich im Hier und Jetzt in einen Veränderungsprozess einzulassen, der einzig und allein unserem ureigenen Sein entspricht und nicht dem eines anderen, aber in der Anbindung einzig und allein an diese Höhere Intelligenz, die höchste Quelle, die Frieden in Ewigkeit möchte. In Ewigkeit heißt ewig, wir leben ewig. Der Körper ist eine vorübergehend geschenkte Hülle, die es zu wertschätzen gilt, mit der wir pfleglich umzugehen haben, um in unserer vollen Kraft für die kommenden im Wandel begriffenen Jahre zu kommen. In einem gesunden Körper lebt ein gesunder Geist, dazu wieder ein Zitat aus der Bibel:

1Kor 6,19 Oder wisst ihr nicht, dass euer Leib ein Tempel des Heiligen Geistes ist, der in euch ist und den ihr von Gott habt, und dass ihr nicht euch selbst gehört? Nehmen wir die heutige Sprache, heißt das nichts anderes, dass die universelle, höchste Intelligenz, der Geist Gottes, der Schöpfer, wie auch immer jeder in seinem Sprachgebrauch diese göttliche Instanz nennt, in uns wohnt. Wir haben also die gleiche Freiheit, die Kraft, sind selbst Schöpfer, vorausgesetzt wir erkennen dies und zerstören diesen Körper, die Hülle und den Tempel nicht.
1Kor 3,17 Wenn jemand den Tempel Gottes zerstört, den wird Gott zerstören, denn der Tempel Gottes ist heilig – der seid ihr. Zerstörung heißt nichts anderes, als dass wir durch Raubbau, unangebrachte Nahrung, schlechte Gewohnheiten das Göttliche in uns missachten,

hassen, dem Guten den Rücken kehren oder wie das Kapitel in der Bibel wiedergibt: 1Kor 6.12 Alles ist mir erlaubt, aber nicht alles dient zum Guten. Also alles ist mir erlaubt, aber nichts soll Macht haben über mich. Somit zerstört nicht irgendjemand uns, sondern wir selbst, wenn wir uns von Macht, Gier, Neid, Habsucht, um nur ein paar wenige zerstörerische Eigenschaften zu nennen, treiben lassen.

Authentisch Me? Wie?

Diese Überlegungen, diese Erkenntnisse sind in mir schon seit meiner Kindheit vorhanden gewesen und ich bin damit nichts Besonderes, sondern wir tragen dies alle in uns. Natürlich in einer kindlichen, man könnte sagen, einfachen Art und Weise. Was ich aber mit meinem heutigen, über Jahre angeeigneten Wissen, meinem über 65-jährigen praktischen Erleben, auch vielen schmerzhaften, existenziellen Erfahrungen und meinem beruflichen, unternehmerischen Werdegang, nur unterstreichen kann. Dieses kindliche Spüren und meine Wahrnehmungen sind göttlichen, universellen Ursprungs. Von Ewigkeit zu Ewigkeit mit einem irdischen Durchlaufen, einer Übung, die da heißt: Lieben lernen und Leben lieben lernen. Das geht nur in einem physischen Körper, in meinem Körper hier auf der Erde.

Um „Authentisch Me" zu sein, geht es nur darum, von der vermeintlichen Macht in eine von der Weisheit geliebten Vollmacht zu kommen. Nur das Vertrauen in diese Weisheit, dieser Höheren Intelligenz, in Gott und SEINER universell geltenden Eigenschaften, im Miteinander und im Umgang mit den von ihm/ihr zur Verfügung gestellten Ressourcen gibt klare Wege vor. Nur diese höchste Intelligenz kann uns wahrhaftig dienen, denn sie/er allein verfolgt seit Ewigkeit ein Ziel: Friede, Freiheit, Wohlstand, Glück für alle, die dieser in uns vorhandenen Weisheit folgen. Die „Menschliche emotionale Intelligenz" braucht Frieden, Frieden in uns selbst, Friede im Außen, Frieden im Miteinander und dem Bewusstsein: Uns gehört nichts, alles ist ein Geschenk. Somit ist die gute Nachricht, dass es auch (nur!) diese Weisheit, das Universum etc.

sind, die es uns noch erlauben werden, unseren Frieden zu bekommen und unseren finanziellen, unabhängigen Wohlstand zu erreichen, solange wir noch auf diesem Planeten unsere ureigenste, individuelle Seelenaufgabe während unserer Lebensaufgaben zu erfüllen haben. Die kindlichen Wahrnehmungen in meinem familiären und sozialen Umfeld haben mich schon früh die Diskrepanzen spüren lassen, und die Diskrepanzen zwischen dem Fühlen, Denken, Handeln und Reden im Außen haben mir sehr zu schaffen gemacht. „Warum reden die nicht mit mir? Bin ich dumm? Da stimmt doch was nicht! Und so weiter und so weiter." Wir wissen heute, dass Säuglinge, aber auch schon Embryos, dieser Diskrepanz im Außen auf ihre eigene Art und Weise im Mutterleib in Form von Weinen und Schreien durch messbare Reaktionen Ausdruck verleihen. Ich habe viele dieser Diskrepanzen, so wie es Kinder tun, erst einmal auf mich selbst bezogen. Etwa wie: Ich bin schuld, dass … ich muss die Verantwortung übernehmen … ich brauche 2 Eltern (die einen, die mich versorgen, die anderen, die mich lieben) … etc. So trägt jeder seine ureigene Bewertung der Situationen mit sich herum, die, wenn nicht aufgelöst, zu Blockaden, Verhinderungen oder Zerstörungen im menschlichen Miteinander führen.

Reise in die Vergangenheit

Das soziale Umfeld:

Kinder brauchen ein fürsorgliches und geborgenes Ankommen und Leben. Ich hatte das wirklich! Eltern, die Tag und Nacht damit beschäftigt waren, dieses fürsorgliche Umfeld zu ermöglichen. Mit einem Handwerkergehalt, vier, später fünf Kindern, einem kleinen Häuschen mit Garten, einer Großmutter, die aber irgendwie nie gefühlt anwesend war, eigentlich mehr ein sechstes Kind. Einem Fahrrad mit drei Sitzen, hinten, mittig, vorne. Wozu? Es war damals Pflicht, jeden Sonntag die Eltern meiner Mutter zu besuchen. Mein Vater schob drei Kinder, meine Mutter den Kinderwagen. Irgendwie hatte für uns alles seine Ordnung, seinen geregelten Ablauf. Sechs Tage Arbeit, ein Miteinander mit der Mutter beim Haushalt – kleiner Besen, kleines Kehrblech, im

Garten kleines Beet mit eigenen Blümchen, einen Tag Sonntag, Kirche, Oma, Opa, Spaziergang, wieder nach Hause. vier Kinder in drei Jahren, das macht was mit einer Familie, drei Kinder, ein viertes purzelte als Nachgeburt zur Überraschung aller hinterher, gewollt, geliebt, in Erwartung der Dinge, die der Alltag noch bringen wird. Ein tiefes, religiöses Vertrauen in Gott und die Liebe unserer Eltern zueinander bestimmte diese Zeit. Doch das sollte sich bald ändern und änderte dann auch in rasanter Weise mein Leben. Ich war fünf Monate, als sich meine Schwester ankündigte. Als ich zwei Jahre alt war, kündigten sich Zwillinge an. Ich war drei Jahre und drei Monate und wir waren schon vier Kinder. Zeit und Aufmerksamkeit für mich nur ein Jahr und drei Monate.

Wie ich mich sah, wie ich das Umfeld wahrnahm:

Ich klammerte mich ab diesem Zeitpunkt an meine Innenwelt, geprägt von meiner göttlichen Herkunft, meinen Ahnen, den heiligen Geschichten, die in Bildern aus Kinderbüchlein zu mir sprachen, von kleinen und großen Helden, die Gott liebte und mit denen ich sprach. Die Natur, direkt in unmittelbarer Umgebung, meine zweite Welt, in der jeder Käfer und jede Blume einen Namen, ein Gesicht bekamen, mit denen ich sprach, verbunden und festhaltend an der Vollkommenheit einer mir nicht unbekannten Welt, einer sehr vertrauten Welt. Vergessen war das Umfeld mit Geschwistern, die auf ihre Art und Weise Aufmerksamkeit suchten, sich Gehör verschafften.

Meine innere Welt schien mir sicherer, unaufgeregter und verbunden mit der in mir wohnenden Liebe, die von irgendwoher kam und für mich da war, was ich aber noch nicht mit meinem kleinen, wachsenden Gehirn fassen konnte. Es war ein Gefühl von Geborgenheit. Meine Eltern hatten alle Hände voll mit kranken und auf sich aufmerksam machenden Kindern zu tun. Drei Kinder, die mit Stoffwindeln versorgt werden mussten, vier, denen unterschiedliche Nahrung selbst zubereitet werden musste – Hipp war noch ein Fremdwort –, mit denen zu Fuß zu den Ärzten gelaufen werden musste, immer alle im Schlepptau.

Zum Glück gab es da die Älteste, die Ruhige, die zumeist Brave, ohne die das alles nicht möglich gewesen wäre, laut jahrelanger Erzählungen im Familien- und Freundeskreis. Für mich auch eine Art der Anerkennung, aber nicht mein ganzes Wesen. Immer öfter verbrachte ich Zeit bei meinen Großeltern, die meinem Vater große Vorhaltungen machten bezüglich der Kinderzahl. Sie halfen den liebenden Eltern auch nicht wirklich uneigennützig, sondern meinten, mich vor den anderen retten zu müssen, und mich mit ihrer Art von „Liebe" überschütteten. Hier wurde ich hofiert, gelobt, bekam alles, was ich essen mochte, durfte alles, sogar bei ihnen im Bett schlafen oder Sandmännchen schauen, wir hatten damals noch keinen Fernseher. Ich fühlte mich geliebt. Mein emotionales Bedürfnis wurde befriedigt, Bewertung der Situation: Das muss Liebe sein. Dann gab es wieder einen Bruch. Plötzlich vermieden es meine Eltern, mich zu den Großeltern zu geben. Ich begriff erst viel später im Alter von ca. 36 die Zusammenhänge. Meine Eltern kommunizierten es nie, sie nahmen es beide mit ins Grab. Mein Vater starb an Lungen- und Herzversagen, meine Mutter verabschiedete sich in ihrer Eigenverantwortlichkeit bereits mit dem Tod ihres Mannes und starb nach achtjähriger Demenz. Gefühlt lebte sie schon 20 Jahre in ihrer eigenen Welt.

Woran ich mich noch erinnern konnte, war, dass ich im Alter von vier Jahren mit meiner damals noch dreijährigen Schwester zusammen in den Kindergarten kam. Das war damals völlig unüblich, Kinder unter fünf/sechs Jahren in den Kindergarten zu geben, geschweige denn drei- oder vierjährige. Mir gefiel es dort auch gar nicht, aber ich war ja das brave Kind. Eine Nonne sorgte dafür, dass wir in dem kleinen angrenzenden Kloster in eine kleine Theatergruppe kamen. Das wiederum liebte ich. Ich konnte in andere Rollen schlüpfen, z. B. den „Hans im Glück" spielen. Die größte Theateraufführung aber war immer die Krippengeschichte zu Weihnachten. Darin war alles, was mein Helden- und Heiligensein ausmachte. Die nachhaltigste Erinnerung dazu hatte jedoch Folgen bis zum Februar 2020.

In meinen Heldengeschichten war ich Heldin und Heilige, das wollte ich damals auch immer werden, und so war es nicht verwunderlich, dass ich – außer immer Engel zu sein – auch mal Maria spielen wollte. Wir bekamen recht früh ein paar Texte zum Üben. Der große Tag des Vorsprechens kam. Ich wurde nicht genommen. Mir wurde der Wirt zugedacht, der Maria, Josef und das Jesuskind abweisen musste. Ich weigerte mich sehr eindrucksvoll und bekam am Ende die Rolle eines Schafes, da brauchte ich nichts zu sagen.

Zurück zu den Lebensumständen, den Situationen, die unseren Lebensstil und unsere Glaubenssätze prägten. Diese Geschichte prägte mich über Jahre und beschäftigte mich erneut in 2020. Denn statt Reden und mich auf meine „wahre Rolle" in diesem Leben vorzubereiten, hatte ich dies eingetauscht gegen Schweigen, Mitlaufen, Anpassen, Eintauschen gegen Sicherheit in Gewohntem, um dem Gegenwind im persönlichen und gesellschaftlichen Umfeld aus dem Weg zu gehen. In solchen kleinen Begebenheiten spiegelte sich bereits die aus der Geschwisterkonstellation angepasste Rolle. Ich spielte die Rolle in meiner Selbstständigkeit, meinem Unternehmen, als selbstbewusste, starke Frau, die Entscheidungen traf, neue Wege ging und sich unterbewusst dem Außen trotz allem angepasste. Dann daneben die Frau, die sich alles Wissen, alle theologischen, psychologischen und Coaching-Kenntnisse aneignete, um anderen Menschen in ihrem Unternehmen, ihrer Kirchengemeinde, in Zusammenarbeit mit dem Landes- und Bundesverband Führungspersönlichkeiten in Kirche und Gemeinde fortbildete, Projekte entwickelte und davon überzeugt war, so diene ich Gott, dem Schöpfer, und diene dem Göttlichen. Ich spürte wieder diese Leere, das Getrieben-Sein und die innere Unruhe. Doch der wesentliche Faktor bei meinen kontinuierlichen Schritten in der persönlichen Entwicklung führte immer und einzig dahin, dass ich selbst im Miteinander mehr und mehr in eine innere, aufrechte Haltung kommen musste, nicht vom Kopf, sondern vom Herzen gesteuert, der Intuition und der Liebe folgend.

Mein Kopf folgte also immer noch dem Versorgtsein, mein zweiter Kopf der eigennützigen „Liebe". Eine Ulrike, zwei Personen, Doppel-Köpfigkeit, die es galt zusammenzuführen. Auch machte das die Sache noch einmal schwieriger, aus dem Herzen zu leben. Hätte ich nicht so wunderbare und außergewöhnlich liebende und weise Mentoren und Coaches gehabt, die gleichzeitig meine Ausbilder waren, wäre das niemals aufgedeckt worden. Jetzt meinen Sie vielleicht, die Großeltern haben Ulrike doch geliebt, hat sie denn nicht dort die liebenden Herzen kennengelernt? Davon war ich auch überzeugt. Doch die Wahrheit ist, ich habe in meiner Bewertung die Haltung meiner Großeltern als Liebe empfunden. Hätten meine Großeltern mich wirklich geliebt, hätten sie keinen Keil zwischen mir und meine Geschwister getrieben, hätten sie den Familienwunsch meiner Eltern respektiert und ihnen nicht zusätzlich durch Vorhaltungen und Ansprüche das Leben schwer gemacht. (Nebenbei, sie prägten im Positiven auch mein Selbstständigkeitsdenken, eine andere Geschichte!)

Wo begegnete mir dies am auffälligsten?

In der Theorie und im Kopf wusste ich beides, doch in der konkreten Haltung und Handlung klafften große Lücken. Ich hatte in keinem der beiden Haushalte wirklich gelernt, Verantwortung für meine Wahrnehmungen zu übernehmen, mein Wissen für andere bereitzuhalten, zu belehren, alles besser zu wissen. Eine ungute Zusammensetzung, die in meinem Unternehmen, meiner Praxis so wunderbar zum Einsatz kam und natürlich auch von Erfolg gekrönt war, wäre da nicht das sich immer stärker auftuende innere Aufbegehren, das zunehmende Mantra des „Lebe das, was du bist und geworden bist, ganz!" Ich ignorierte es bzw. lebte und arbeitete an mir, so gut ich es vermochte, dort, wo ich gerade meine Herausforderungen hatte. Wozu das in unserer Zeit, in Zeiten des globalen Wandels, so notwendig ist, darauf gehe ich später noch einmal ein.

Corona 02.2020!

Corona riss mir zum wiederholten Male den hart erarbeiteten Boden unter den Füßen weg. Obwohl ich katastrophenerprobt war, um nur ein paar Situationen zu nennen: Die Trennung 1994, November 1998 Hausbrand durch die Unachtsamkeit eines Mieters, ich und mein Sohn im Koma, meine Tochter traumatisiert, da sie alles direkt miterlebt hatte. Sie blieb ohne meinen Schutz und meine Hilfe, und selbst danach galt meine ganze Aufmerksamkeit dem Überleben und den Folgen für meinen Sohn. 1999 Scheidung mit „Rosenkrieg". 2000, noch auf Sperrmüllmöbel sitzend und um die Gesundheit und die schulischen Belange meiner Kinder kämpfend, beantragte und erzwang mein Exmann vor Gericht das Sorgerecht für unseren Sohn. Insolvenz 2003, Neustart in einer fremden Stadt, bei und mit Null. Ab 2004 Verlust aller räumlichen und menschlichen Anbindung in meinem Heimatort, da wir weder über Mobilität noch Geld noch Zeit verfügten. Ehekrise wegen der Folgen aus unverarbeiteten Emotionen, die von der Insolvenz und den zermürbenden Monaten der zwangsweisen Vorgehensweise meines Exmannes sehr belastet war. Doch an dieser Stelle schon einmal vorab: Wir haben es geschafft! Dafür bin ich unendlich dankbar, und ich kann heute mit voller Überzeugung sagen, es gibt Lösungen, es gibt Wege! Denn ich habe nie aufgegeben, nach diesen Lösungen zu suchen, weil ich ICH sein wollte, weil ich authentisch das Leben führen wollte, das ich in mir trug.

Was geschah durch Corona? Corona bot mir eine Krone an, natürlich bildhaft gesprochen. Wieder zerfloss mir alles unter meinen Händen. Was sich der Kopf nach der Insolvenz aufgebaut hatte, war wieder weg. Ich sollte bereits damals in die Beratung, die Begleitung, die Unterstützung von Menschen gehen, die die Diskrepanz in sich spüren, dass Kopf und Herz nicht übereinstimmen. Stattdessen hatte ich mich wieder hinter Sicherheit versteckt, hinter Gewohnheiten, hinter dem, was ich meinte zu können, baute gleich 2 kleine Unternehmen auf und wähnte mich sicher. Die „Krone", die mir Corona anbot, war: Verantwortung zu übernehmen, in die ganze Fülle meines gewordenen Seins zu kommen, im wahrsten Sinne des Wortes „ganz" zu werden, meine beiden kopfgesteuerten Hälften endlich vollends mit dem Herzen zusammenzuführen und in eine aufrichtige, innere Haltung zu kommen, aus meiner Komfortzone in die KOMM-VOR-ZONE. Hier schließt sich der Kreis zu meinem kindlichen Krippenspiel, in dem ich das angepasste, schweigende Schaf brav übernahm. Um weiter bei diesem Bild zu bleiben, es gab noch etwas zum Hintergrund und dem eigenen Erkennen. Damals bekam ich wie auch andere Kinder einen Text zum Lernen mit nach Hause. Meine damalige Haltung war, ich brauche nicht so viel lernen, ich kann das auch so. Dadurch, dass meine Großmutter mich immer wieder zu etwas ganz Besonderem machte – ohne jegliche Gegenleistung meinerseits, höchstens durch schlaues, altkluges Reden –, habe ich mich nicht auf meine Rolle ausreichend vorbereitet, weder mit dem Sich-Einfühlen noch mit den Unterlagen, die bei einer solchen Rolle nötig gewesen wären.

„Authentisch Me" zum Erfolg

Ja, was ist denn Erfolg und wie wird er sichtbar und fühlbar? Das ist eine gute Frage. In der westlichen Welt gibt es nach wie vor die Tendenz, Erfolg muss sichtbar sein. Familie, Haus, Auto, Reisen etc. Ohne Leistung kein sichtbarer Erfolg. Definition von Erfolg: angepasst sein, nach äußerer Anerkennung streben durch Aneignung von Wissen, eine Unabhängigkeit in Form von Selbständigkeit wählen, um nicht von anderen Ideen, Wegen, etc. abhängig zu sein. Der Druck aus Schule und Elternhaus, Leistung zeigt sich durch gute Noten, Leistung erkennst du an dem Beruf, den du wählst, an der Größe deines Unternehmens, Leistung bringt sichtbaren Erfolg in Form von materiellen Dingen.
In meiner persönlichen, inneren Welt spürte ich immer eine Diskrepanz, denn in der Natur habe ich das nie beobachtet. Zum Beispiel liebte ich Gymnastik, aber der Lehrer bescheinigte mir eine kontinuierliche Vier im Zeugnis, da er nur Leichtathletik-Training mit uns machte, keine Chance für mich. Da ich, sagen wir mal, pummelig war und

mich eh schon hässlich fand (wie viele Teenies eben), glaubte ich ihm dann auch irgendwann, zumal mir die Mitschüler, die Gruppe und die Gemeinschaft mir nonverbal und verbal deutlich zu verstehen gaben, ein Loser zu sein. Dann bekamen wir für ein Jahr eine Lehrerin als Aushilfskraft für Sport zugeteilt. Diese Lehrerin, Frau Emter, ließ jeden Einzelnen von uns zwei Unterrichtsstunden lang machen, was sie wollten. Danach teilte sie uns in Gruppen ein und ich durfte das erste Mal in meinem schulischen Leben ein Jahr lang meinen Lieblingssport machen. Das Ergebnis war erstaunlich und mit nachhaltigen Folgen für mein gesamtes Leben. Jemand sah mich, ließ mich machen, belohnte mich mit sehr guten Noten, ich entdeckte mich neu und gewann an enormen Ehrgeiz. Ich spürte intuitiv, dass dies nicht nur für Sport galt, sondern für alles andere in meinem Leben auch. Ein Jahr, ein Lehrer/ Coach, ein lebenslanges und nachhaltiges Learning und den Wunsch, so zu werden wie diese Lehrerin: Menschen zu sehen in ihrer ganzen Individualität.

Was ist also Erfolg? Im Sport hatte ich bis dahin keinen Erfolg, weil ich dem Leistungsanspruch nicht gerecht wurde, das geforderte Ergebnis nicht lieferte, in meinem Gesamtwert noch schlecht benotet wurde und von einem Großteil der Gemeinschaft auf Grund des nicht vorhandenen Erfolges nicht respektiert wurde. Erfolg jedoch wurde für mich damals erleb- und spürbar, als ich mich in meiner Individualität gesehen fühlte, mich beweisen, meine Stärken selbstbewusst zeigte durfte und mir die Gemeinschaft endlich Anerkennung zollte. Energie, Ehrgeiz kamen automatisch, ich feierte meinen persönlichen Erfolg und alle anderen waren mir nun egal. Diese gewonnene Selbstsicherheit bewog mich später dazu, mich selbstständig zu machen.

Ich schwamm gegen den Strom, ein Unding in meiner Herkunftsfamilie, die durch Sicherheit und „nur kein Risiko eingehen" geprägt war. Für mich als junge Frau und junge Mutter die einzig logische Entscheidung, wenn man Kind und Beruf unter einen Hut bekommen möchte. Später durch verschiedene Umstände, ein zweites kleines Unternehmen und ein drittes, in Kombination mit dem ersten. Ich setzte mich bereits in diesen frühen Jahren für Klimaschutz, Naturschutz, Liebe, Frieden, Anerkennung und Respekt vor der Andersartigkeit von Menschen ein.

War das jetzt Erfolg? Nach außen ja. Ich war anerkannt, wir konnten uns alles leisten, was uns wichtig erschien. Eine zweite, eine dritte Immobilie, Segelschein, Paragleiterschein, in Kirche und Gesellschaft präsent. Ich hatte das Gefühl angekommen zu sein, und doch stimmte so einiges nicht. Ich spürte Enge, Getrieben-Sein, zunehmend weniger wirkliche Zeit für die Kinder, nur abends bis 20.00 Uhr, Wochenenden, Organisation oder Messen. Es folgten Nervenzusammenbruch, Trennung und die üblichen zwischenmenschlichen Herausforderungen. Parallel lebte ich die gläubige Christin, die doch alles im Sinne Gottes richtig machen wollte. Die Diskrepanz wurde immer größer, das Leben immer unruhiger mit ein paar wenigen Glücksmomenten, die aber auch wieder schnell verflogen. Ich bat, schrie Gott um Hilfe, im Vertrauen, das alles gut wird. Doch es kam, wie bereits oben erwähnt, alles anders. Brand, Koma, nur noch reagieren statt agieren, ums Überleben kämpfen, um die Gesundheit der Kinder bangen, ihren Berufsweg ebnen, kleines Glück, großer Absturz durch Insolvenz.

Was versteht Gott, das Universum denn unter Erfolg?

Eine Frage, die eigentlich von Kind auf an in mir wirkte: wer bin ich, was soll ich, was ist denn jetzt meine wirkliche Aufgabe? Das, was mir zu dieser Zeit neben meinen Kindern das Wichtigste war: Eine Ausbildung, um Menschen in ihre volle Kraft, ihre volle Energie, in ihr Glück zu verhelfen, nach übergeordneten, universell gültigen Kriterien. Es war schon interessant, dass ich Menschen helfen wollte, etwas zu finden, was ich selbst für mich suchte, was mir später umso deutlicher wurde, da ich bis hierher nur aus dem Kopf, den Gewohnheiten, den Vorgaben und nach Anerkennung suchend lebte. Ich hatte während der Trennung eine Therapeutin aufgesucht, die mich Schritt für Schritt in ein neues Denken führte, durch meine Alltagssituationen hindurch, praktisch, konkret, einfach. Vom Kopf ins Herz, ganz „Ich sein".

Überzeugt von ihr und ihrer Weisheit blieb ich und absolvierte später die gesamte psychologische Heilpraktiker-Ausbildung bei ihr. Ihr Ziel war es, den Menschen ihre ursprüngliche Bestimmung zuzuführen. Ihre Ausführungen waren bahnbrechend für mich. Es war konzentriert auf das menschliche Miteinander, dem Umgang mit der Schöpfung, den Ressourcen dieser Welt und dem Umgang mit unserem Körper. Später baute ich ein kleines Unternehmen auf, in das ich sie, einen Unternehmensberater und eine Kindererzieherin einstellte. Wir arbeiteten in Wuppertal konkret an uns und ermittelten die universell und global geltenden Eigenschaften der Liebe und des Lebens. Wir entwickelten Tools, Arbeitsmaterialien und setzten alles in Theorie und, viel wichtiger noch, in Praxis um, arbeiteten für Arbeitsämter und einem Firmenzweig von BAYER, die ihre Mitarbeiterfortbildungen umstrukturieren wollten. Heute hat das Konzept eine Formel.

Mit meiner *MEI-Formel* zu wahrem Erfolg!

Die Formel der „Menschlich, Emotionalen Intelligenz" oder „MEI", authentisch ME sein. Es ist die Formel einer dynamischen Schnittmenge/ Vereinigungsmenge A und B, die mit der Zeit wächst. Es sind die Regeln und Ziele unseres Lebens und der Seele, der Liebe. Je größer die Schnittmenge, desto authentischer und im Einklang mit sich selbst ist der Mensch, bist du als Mensch.

Der Klimawandel ist ein Problem, aber nicht das eigentliche! Mutter Erde wird sich mit Hilfe des Universums neu erfinden. Genau das müssen wir Menschen auch, das ist unser persönlicher Klimawandel. Wir müssen in dieser Zeit unsere Rolle aus der Theorie in die Praxis umsetzen. Was wir mit unserem Geist erfassen können, in unserem Herz neu entdecken und in kraftvolle Handlung umsetzen. Unsere ursprünglichen Aufgaben, die Lebensaufgabe und die Seelenaufgabe wieder zusammenführen, neu definieren, praktisch leben lernen und uns für eine freie, unabhängige, lebenswerte Zukunft einsetzen. Jede freie und unabhängige Persönlichkeit trägt in den kommenden Jahren des Wandels dazu bei, dass etwas ganz Neues entstehen kann, von innen durch uns, nicht von außen, der Weltpolitik oder den Machthabern, selbst den scheinbar gutgemeinten Weltorganisationsideen.

Das ist Erfolg!

Erfolg, im Einklang sein mit meiner Seele und der Annahme meiner mir in dieser Zeit gestellten Lebensaufgabe! Am Abend frei und glücklich schlafen gehen.

Geschäftsführer, Experte, Persönlichkeit im Wandel einer ganz besonderen Zeit.

Die Leere in uns, das permanente „Sich-im-Hamsterrad-Drehen", die schlaflosen oder unruhigen Nächte, die Herzrhythmusstörungen, der Bandscheibenvorfall, die Anzeichen von Burnout, Unfälle, Krisen etc. haben einen unglaublichen Nutzen! Sie sind das Stoppschild nach vielen missachteten Hinweisen unseres Herzens, unseres Körpers, unserer ureigenen Anbindung an unsere Intuition. Vielleicht kennen Sie die vielen tiefen Täler, den Sturm in Ihrem Leben, vielleicht stehen Sie gerade vor dem Spiegel und fragen sich „Wer bin ich, was wollte ich mal sein?" „War das alles? Ist das alles?"

Vielleicht wachen Sie morgens auf und quälen sich eher aus dem Bett, als dass Sie mit Leichtigkeit den Tag starten, den Erzählungen Ihrer Kinder lauschen und dem beginnenden Tag danken, dass Sie ihn heute wieder neugestalten können. Wenn sie sich so fühlen, wenn Sie spüren, dass sich was ändern muss, dann steht eine starke Entscheidung am Anfang. Ihr jetziges Leben endet, vorausgesetzt, Sie erkennen, dass Sie nur dieses eine Leben haben und Sie sich für das neue Leben in Fülle entscheiden.

Ja ich will, ich will jetzt und nicht irgendwann. Ich will die Rolle in meinem Leben einnehmen, die mir in diesem Leben zusteht und zugedacht ist. Ich will Leben und Lebensraum gestalten und nicht nur verwalten. Die Zeit drängt, jede Stunde, die vergangen ist, ist unwiderruflich verloren, weg. Wenn Sie das oder ähnliches fühlen, spüren, wollen, dann sind Sie, dann bist du bei mir richtig! Ich unterstütze Sie und verspreche Ihnen, wenn Sie alles so umsetzen, wie wir es gemeinsam entwickeln, genießen Sie in nur 90 Tagen mit meiner *MEI-Formel*® 100% mehr Energie, 3-mal mehr Freizeit für Kinder, Partnerschaft und Hobbys, 100% besseren Schlaf, Vitalität und Gesundheit. Was ganz nebenbei geschieht ist, dass Sie Ihre individuelle Rolle einzunehmen lernen und sich selbst erlauben, das zu sein, was eine lebenswerte Zukunft für Sie ganz persönlich bereithält und was diese Zukunft die nächsten 10/20/30 Jahre braucht. Ob in 1x1-Gesprächen oder in einer Gruppe, die natürlich zusätzliche Vorteile mit sich bringt, arbeite ich effektiv und direkt mit Alltagssituationen. Nicht Wissen steht im Mittelpunkt, sondern direkte Umsetzbarkeit. Zeit ist Geld UND Leben! Ich begleite Sie/dich, baue eine Brücke hin zu Fülle, hin zur inneren Ruhe und zu den Glücksmomenten, nach denen Sie sich sehnen.

Warum ich Ihnen das garantieren kann? Weil ich die *MEI-Formel*® seit über 30 Jahren selbst in mein Leben integriert habe und Menschen wie Sie und ich seit über 30 Jahren unterstütze. Weil ich Höhen und Tiefen im Äußeren und im Inneren durchwandert habe. Ich den Erfolg erreicht habe, dem mein Herz folgen musste. Ich bin 65 Jahre und das ohne jegliche Medikamente, ich führe ein gesundes und vitales Leben, und das Wichtigste, ich habe es geschafft, die Rolle meines Lebens einzunehmen, und diesmal ohne auszubrennen, ohne auszusteigen, ohne erneut die Beziehungen, mein Unternehmen oder meine Umsätze zu vernachlässigen. Ich bin jetzt da, wo ich hinmöchte, auch wenn ich mich immer noch als Lernende in dieser Zeit hier auf Erden befinde, und Sie können das auch. Am Anfang steht eine Entscheidung.

Ich bin da!

7
—

»Authentisch

---

berühren wir die Herzen

---

und erschaffen zusammen

Großartiges!«

Elke Knape

Gelernte Hotelkauffrau
Mehrsprachig in Wort und Schrift
Führungskraft bei Arcor und mehreren internationalen Konzernen
Assistentin Geschäftsführung Software Unternehmen

Internationales Networking
City Host Bergisch Gladbach, Human Beeing Community
Autorin von Seelentexten
Zertifizierter TiM® Trainer
„Chinesische Quantum Methode 1"

Wir kreieren zusammen wunderschöne JA-MOmente im Leben
und bringen dein Leuchten und deine Energie in die Fülle.

instagram.com/elke_knape
facebook.com/elke.knape

Das JA zu MIR

Elke Knape

Authentisch me zum Erfolg – Was bedeutet das eigentlich? Was verbirgt sicher hinter dieser Aussage?

Ich war sehr neugierig, was ich für Statements dazu finden würde.

Das Lexikon der Psychologie der „Dorsch" beschreibt mehrere Aspekte, wenn es darum geht, authentisch zu sein: Authentizität bedeutet, seinen Gedanken, Emotionen, Bedürfnissen, Werten, Vorlieben und Überzeugungen entsprechend zu handeln.

Gretel im roten Mäntelchen

Ich möchte euch gerne die Geschichte eines jungen, sechsjährigen Mädchens erzählen, nennen wir sie Gretel, die an einem kalten Wintertag alleine und traurig in ihrem Kinderzimmer saß! Sie blickte aus dem Fenster und war in Gedanken bei ihrem heißgeliebten Dörfchen, wo sie sich glücklich und geborgen gefühlt hatte. Und jetzt hatte sie in eine andere Stadt ziehen müssen, da der Vater die Arbeitsstelle gewechselt hatte! Das kleine Mädchen war aber sehr spontan, kreativ und aufgeschlossen, also dachte sie sich:

Was kann ich tun, damit es mir besser geht?

Sie zog ihr knallrotes Mäntelchen mit einem schwarzen Kragen und die schwarzen Winterstiefel an, setzte ihr rotes Wollmützchen auf und schlich sich unbemerkt ins Wohnzimmer. Gretel nahm sich verschiedene Modekataloge von der Mutter und ging aus dem Haus. Sie klingelte bei für sie völlig fremden Nachbarn, nannte ihren Namen und sagte: „Wir sind neu hier. Schau mal, ich habe dir etwas mitgebracht, und zeigte ihre Kataloge. Ja, manche schauten sehr erstaunt und wussten nicht so recht, was sie sagen oder tun sollten. Viele hatten sogar Kinder im Alter von Gretel, die plötzlich auch da standen. Herrlich. Das Mädchen strahlte glücklich!

Was war passiert? Unglaubliches! Durch ihre Natürlichkeit, ihrer tiefen Sehnsucht folgend und ihrer festen Überzeugung, mit ihren Katalogen ein großes Geschenk bei sich zu haben, berührte sie die Herzen der Menschen.

Ihr denkt bestimmt: „Moment mal, was hat das denn mit authentisch sein zu tun"? Ein wenig Geduld bitte, wartet kurz ab. Dieses kleine Mädchen war zu diesem Zeitpunkt schon sehr authentisch. Was tat sie? Sie wollte Kontakte knüpfen, um sich wieder heimisch zu fühlen. Sie verspürte Sehnsucht, hatte das Bedürfnis nach Nähe, nach Gemeinschaft und Gesprächen und sie war schon so kreativ, all das mit ihrer ganz persönlichen Art und Weise in die Tat umzusetzen. Sie fühlte einfach in sich hinein und war ganz bei sich selbst! Sie kannte keine Angst vor Reaktionen wie „DAS macht man nicht!", vor Abweisungen oder Versagen, sie war einfach bei sich SELBST und handelte dementsprechend!

Der Erfolg war wunderglaublich groß für Gretel. Sie lernte durch ihre authentische Art viele Kinder kennen, mit denen sie herrlich spielen konnte, und auch ihre Mutter bekam in der Siedlung Kontakt zu anderen Müttern. Herrlich! Was für ein himmlisches Gefühl! Ein kleines Mädchen, das ganz bei sich war und ihre Träume verwirklichen konnte.

Was empfindest du bei dieser Geschichte?
Was inspiriert dich?
Welche Erkenntnisse hast du?

Eine Voraussetzung für authentisch sein ist Selbsterkenntnis

Gretel und die Abrakadabra Jeans

Ja, lieber Leser, liebe Leserin, Gretel wurde älter, ein Teenager, mit Wünschen, die für sie riesengroß und für manch andere klein und selbstverständlich in der Umsetzung waren. Ihre Eltern hatten sich ihren Lebenstraum erfüllt und sich ein kleines, hübsches Reihenhaus mit einem zauberhaften, farbenprächtigen Garten gekauft. Es war für sie mit vielen finanziellen Einschränkungen verbunden und dementsprechend spiegelte es sich in der Höhe des Taschengeldes, das Gretel erhielt, wider. Sie träumte so sehr von einer bestimmten Markenjeans, passend zu ihrem Lieblingssong „Jeans on" von David Dundas aus dem Jahre 1977.

Sie spürte dabei ihre unglaubliche Lebensfreude, drehte sich im Kreis dazu, hob ihre Arme, schüttelte ihr Haar und tanzte, tanzte, tanzte. Wir zusammen kennen alle dieses beglückende Gefühl, sich beschwingt der Musik hingebend alles zu vergessen und zu träumen!

Von Herzen gerne beantworte ich die aufkommende Frage: „Worin besteht jetzt der Zusammenhang zur Selbsterkenntnis?" Die Antwort dazu lautet, dass sie sich fragte: „Was kann ich mit meinen 16 Jahren tun, um mir diese Jeans selbst zu kaufen? Welche Möglichkeiten habe ich dazu? Ich bin jung und eingeschränkt in meinen Möglichkeiten, aber kreativ, kommunikativ und gut im Stricken und Häkeln. Wie wäre es, einfach dieses Talent anzubieten und für andere kreativ zu sein?" Gretel zögerte nicht mehr und handelte aus ihrem Gedankengarten heraus. In ihrer Klasse gab es viele weniger begabte Mitschüler, die Gretels selbstgestrickte und außergewöhnliche Pullover und Tops sehr bewunderten. Warum sollte sie also ihre Gabe nicht nutzen, um diese Handarbeiten für andere anzubieten und sich so ihre Traumjeans zu verdienen.

Es war absolut magisch „ABRAKADABRA"!

Sie wählte Worte, die aus ihrem Herzen kamen „Sag mal Renate, du liebst doch meine selbstgestrickten Tops so sehr. Würdest du dich freuen, wenn ich dein persönliches Modell für dich stricken würde? Gemeinsam suchen wir deine Lieblingsfarben aus, und du sprichst mit deinen Eltern, was ich für das Handarbeiten erhalten würde?" Ihre anderen Mitschüler, die diese Unterhaltung mithörten, waren ebenso begeistert und erzählten auch ihren Müttern davon, die dann liebend gerne dieses Kreativsein annahmen und sogar für sich selbst Modelle stricken oder häkeln ließen! Es entstanden farbenfrohe, individuelle und prächtige Pullover und Tops für Jung und Alt, die viele Gesichter zum Leuchten brachten. Gretel hatte im Nu außerdem einen ganz besonderen Stellenwert im Klassenverband durch ihre persönliche Selbsterkenntnis der ihr gegebenen Begabung! Wow!

Ihr könnt euch sicher vorstellen, was für ein gigantisches Glücksgefühl sie in sich spürte, als sie in das „In-Geschäft" ihrer Klassenkameraden ging und ihre Jeans anprobierte. Begeistert stellte Gretel sich vor den Spiegel, drehte sich im Kreis und ihre Augen funkelten voller Stolz über sich selbst. Es kam so viel mehr Geld für das Stricken zusammen, dass sie nicht nur diese erste, ganz besondere Jeans kaufen konnte, sondern sich damit später den einen oder anderen Bekleidungstraum erfüllen konnte. Als ihr Kassettenrekorder an diesem Tag auf höchster Lautstärke „I put my blue Jeans on" spielte, tanzte sie noch intensiver als sonst und die ganze Welt gehörte ihr für diesen magischen Moment!

Was kannst du, liebe Leserin und lieber Leser, für dich daraus Wundervolles erkennen?

Sei authentisch und entdecke deine Stärke und dein Potential, das in Fülle in dir steckt! Du wirst erfolgreich sein und strahlen und mit deinem Licht andere begeistern und motivieren.

Was empfindest du bei dieser Geschichte?
Was inspiriert dich?
Welche Erkenntnisse hast du?

Bei authentischen Menschen wird das Verhalten nicht von äußeren Umständen bestimmt, sondern entspringt aus ihnen selbst.

Gretel und die Herzensfülle

Was für ein Gefühl ruft es in dir, liebe Leserin und lieber Leser, hervor, wenn in der Hochblüte deines Lebens plötzlich berufliche Herausforderungen völlig unerwartet und mit vielen Fragezeichen für deine Zukunft auftreten?

Gretel passierte genau dieses, zu einem Zeitpunkt, als sie völlig gelassen und in finanzieller Sicherheit einen wunderbaren Arbeitsplatz hatte, wo sie kreativ, erfüllt und verantwortungsvoll tätig war. Eine Unternehmensübernahme von einem ausländischen Investor stand bevor und die Gefühle der Mitarbeiter waren in diesen Zeiten durch Angst, Unsicherheit, Zweifel und auch Wut geprägt. Selbstverständlich kamen in Gretels Gedankenwelt auch genau diese Gefühle hoch.

Was tat sie damit? Sie stellte sich selbst folgende Fragen und verband sich mit ihrer positiven, energetischen Gedankenmedizin.

- Wer bin ich im Unternehmen?
- Wo liegen meine Stärken in meinem Arbeitsbereich?
- Wie sehen meine nachweisbaren Erfolge in meinem
  Tätigkeitsfeld aus?
- Wie sind meine kommunikativen Fähigkeiten als Teambuilder?
- Wie ist mein Netzwerk?
- Wie kann ich selbst aktiv werden und mich dem neuen
  Unternehmen präsentieren?
- Was für Chancen bieten sich für mich?
- Welche Entwicklungsmöglichkeiten hat diese Übernahme?
- Welche Energie strahle ich aus?
- Wie motiviere ich andere Menschen?

Die Beantwortung dieser an sie gerichteten Fragen und der innere Dialog, der dadurch in ihr entstand, waren Gedankenflügel und brachten sie in ihren kreativen „Aktiv-Modus" und zu ihrem Kern.

Eine Delegation von Führungskräften reiste gemeinsam mit der Geschäftsführung an und führte Interviews mit allen Mitarbeitern. Gretel ermutigte die Kollegen, offen und zugewandt in diese Gespräche zu gehen. Sie sagte: „Fühlt euch eurer selbst sicher und seid euch der persönlichen Erfolge, die ihr für das Unternehmen erwirtschaftet und möglich gemacht habt, bewusst!"

Gretel machte die Erfahrungen, dass diese Einstellung nicht bei allen gern gesehen wurde und man sie es auch in der Folgezeit spüren ließ. Sie wählte den Weg, diese negativen Signale nicht anzunehmen und authentisch und mit Herzensfülle ihren Weg zu gehen.

Ihr persönliches Interview war geprägt von Natürlichkeit, Selbstbewusstsein und Neugier auf jeden der neuen Menschen, denen sie dabei begegnete. Es war fantastisch, die Gespräche zogen sich sehr lange hin und wurden von viel Lachen bei dem sehr produktiven gemeinsamen Austausch begleitet.

Sie lernte großartige Menschen kennen und verbrachte auch den einen oder anderen Abend privat mit ihnen. Für sie ein ganz natürliches Verhalten, denn diese Menschen waren Fremde, ihre Deutschkenntnisse reichten nicht aus, um sich außerhalb ihrer Arbeit gut und willkommen zu fühlen.

Gretels Herzenswärme und ihr authentisches Sein ermöglichten ihr im Folgenden einen wunderbaren Austausch, Unterstützung und Weiterbildung in vielen beruflichen Bereichen sowie Reisen zum Unternehmens-Hauptsitz. Es entstanden einfach großartige Verbindungen mit neuen Herzensmenschen.

Was ich dir, liebe Leserin und lieber Leser, hiermit als Resümee der Geschichte mitgeben möchte:

Bleibe bei DIR und deiner positiven Gedankenmedizin und lasse dich nicht von äußeren Umständen in deinen Verhaltensweisen negativ und energieraubend beeinflussen.

Es ist grandios, welche Erfolge im Leben eintreten können, die aus dir selbst entspringen!

Was empfindest du bei dieser Geschichte?
Was inspiriert dich?
Welche Erkenntnisse hast du?

_____

_____

_____

_____

_____

_____

_____

_____

_____

Menschen, die authentisch sind, möchten ihre Gedanken, Emotionen und ähnliches in sozialen Beziehungen zeigen.

Gretels Herzensblüten

Welche Bilder ruft die Blüte des Herzens in Ihren Begegnungen wach? Ich lade euch ein in Gretels Gedankengarten und in die Magie, wenn wir mit der positiven Energie der Gedanken und der Emotionen in überraschenden Begegnungen, in Freundschaften und in der Liebe, authentisch aus dem Samen unserer Herzen einzigartige und prächtige farbige Herzensblüten erschaffen.

Herzensblüte in internationalen Begegnungen

Ja, da war es plötzlich, das unerwartete, schwere Gewitter! Blitze, Regenfluten, in einer fremden Stadt, mitten in Kroatien auf einer Geschäftsreise. Gott sei Dank hatten wir es noch in ein kleines, unscheinbares Lokal in Strandnähe geschafft.

Glücklich, noch einen Platz bekommen zu haben, eingehüllt in den Duft fantastischer Gerüche aus der Küche, saßen wir mit völlig fremden Menschen unterschiedlichster Nationalität und Altersstufen an einem runden Tisch und warteten auf das Ende dieser immensen Naturereignisse. Der Inhaber stellte für alle einen großen Krug Rotwein und Brot in die Mitte des Tisches, lächelte und verschwand.

Gretel begann eine Unterhaltung mit den Worten: „Ist es nicht wunderschön, dass wir alle einen Platz gefunden haben, der uns Sicherheit gibt, und wir hier gemeinsam diesen Wein und das Brot genießen können? Die Freude kam tief aus dem Herzen und das Strahlen dazu auch. Sie erhob das Glas und alle prosteten sich zu. Es stellte sich heraus, dass es sich am Tisch um Deutsche, Italiener, Franzosen und Rumänen handelte. Ein bunter Strauß aus verschiedenen Sprachen, der sich da also zusammengefunden hatte.

Zum Wohl, Salute, á la votre, noroc

Es ist grandios, wie schnell eine Herzenssprache entstehen kann, in der sich unterschiedliche Nationen offen, wertschätzend und inspirierend begegnen können. Ein Füllhorn von Impulsen, die dazu führten, dass alle ihre Visitenkarten austauschten und ein wertvolles und bereicherndes Netzwerk mit gemeinsamen Projekten über eine lange Zeit entstanden ist. Bevor wir uns an diesem Tag verabschiedeten und das Unwetter vorbei war, tanzten wir alle noch zu kroatischer Musik und umarmten uns herzlich. Was hatte uns die Natur für einen Glücksfall geschenkt!

Liebe Leserin, lieber Leser, ist es nicht großartig, dass authentische Menschen auf diese wundersame Weise zusammenkommen können und Herzensblüten über Grenzen hinaus zu einem wunderbaren Erfolg gedeihen?

Was empfindest du bei dieser Geschichte?
Was inspiriert dich?
Welche Erkenntnisse hast du?

_____

_____

_____

_____

_____

_____

_____

Authentisch me zum Erfolg

Das ist mein persönliches Resümee

Ich möchte euch dazu ermutigen, authentisch durch das Leben zu gehen! Ich habe die wunderbare Magie erlebt, dass in allen Lebensbereichen und Lebenslagen mit einem authentischen und geöffneten Herzen ein Zauber entsteht, der Menschen verbindet, Visionen zu Realitäten transformiert und zum Erfolg führt. Ich bin sehr dankbar, dass genau jetzt mit Ja-MOmente in die Welt zu bringen.

Sag JA zu dir,
Sag JA zu deinen Träumen,
Sag JA zu deinen Erfolgen!

Ich möchte mit einem Zitat der wunderbaren Martina Haller schließen, einer Herzensfrau, die mir nach 40 Jahren durch kosmische Fügung wieder begegnet ist und durch die ich den Glücksfall erleben durfte, meine Fortbildung zum zertifizierten TiM® Trainer zu machen. Danke, danke, danke!

Manipulierte Menschen manipulieren,
befreite, authentische Menschen befreien.

Viel Freude auf eurem authentischen Weg zum Erfolg!
Eure Elke Knape

8

—

»Design your life —

Think always big!«

Liliana Pellegrino

Beratungen, Coaching, Workshops, Kurse zu Gelassenheit,
Wunschverwirklichung, Wandlung und Lebensfreude.

Consulenze, coaching, corsi su serenità, realizzazione
dei desideri, trasformazione e gioia di vivere.

Seelentexte – Testi dell'anima
Sensitive und mediale Beratung – Consulenza sensitiva e mediale
Soul & Parts Hypnose – Ipnosi
Meditationslehrerin – Insegnante di meditazione
Akasha-Readings
Tarotkarten-Legungen und Kurse – Letture e corsi di tarocchi
Avalon Reisen – Viaggi ad Avalon
Kakaozeremonie – Cerimonia di cacao

www.lilianapellegrino.com

Design your life –

Think always big!

Liliana Pellegrino

Ich nehme dich auf diese Reise mit, die geprägt ist von tiefgreifenden Ereignissen in meinem Leben.

Der Unfall, 29. Juni 2000

Ein schöner warmer Sommerabend, Italien hatte gerade in der EM 2000 gegen die Niederlande gewonnen. Mein damaliger Freund P. war gerade bei einem Mitarbeiteressen. Um 1 Uhr weckte mich die Türklingel, neben mir lag kein P. Hatte ich den Schlüssel stecken lassen? Mein erster Blick zum Schloss widerlegte diese Annahme. Ein flaues Gefühl breitete sich aus, durch den Türspion sah ich zwei Polizisten. Ich öffnete die Tür, mein Herz pochte. Der Polizist erklärte, dass P. einen schweren Autounfall erlitten hatte. Er würde gerade mit der Rettungsflugwacht ins Spital geflogen. Ich geriet in einen Schockzustand und dachte: „Wieso fahren sie nicht mit dem Krankenwagen?" Bei klarem Verstand war es offensichtlich, dass die Lage sehr ernst war, wenn die Rettungsflieger ins Spiel kommen. Noch war mir nicht bewusst, dass er in Lebensgefahr schwebte und sein Leben an einem seidenen Faden hing. Ich war wie betäubt und konnte auf die Schnelle keinen klaren Gedanken fassen. Gemeinsam riefen wir dann die Rettungsflugwacht an, um festzustellen, wohin er gebracht würde.

Das Telefon fiel mir aus den Händen und knallte auf den Boden. Ich merkte, dass ich nicht mehr ganz zurechnungsfähig war. In Zürich war kein Platz frei, er wurde also ins Kantonsspital nach Aarau geflogen. „Kommen Sie zurecht oder sollen wir Sie begleiten?" Ich lehnte ab: „Es geht schon!"

Notfallaufnahme Kantonsspital Aarau

Dort angekommen musste ich lange im Wartezimmer warten. Langsam machten sich Angstgefühle breit. Ich redete mir ein, er hätte wahrscheinlich nur ein paar Brüche und alles käme in Ordnung. Mein Kopf gestattete mir keine anderen Gedanken, ich war wie gelähmt. Nach einer endlosen Zeit kam schließlich ein Arzt: „Wir stabilisieren ihn, er hat sehr viel Blut verloren, diverse Wirbel sind verletzt, beide Füsse sind zertrümmert und um 180° Grad verdreht, seine linke Schulter ist innerlich amputiert, sein Knie ist verletzt. Sie dürfen bald zu ihm auf die Intensivstation. Er schwebt in Lebensgefahr." Mir rollten Tränen über die Wangen. Angst, Panik, Sorge und Unglaube überkamen mich. Ich ging kurz hinaus, um Luft zu schnappen. Ich erinnere mich an die Natur und einen Brunnen dort. Ich schloss die Augen und sandte ihm Licht, das kannte ich vom Meditieren. Ich durfte dann auf die Intensivstation. Meine Anspannung war spürbar, ein Gefühl purer Angst. Dort lag er, an einer Beatmungsmaschine angeschlossen, der Schlauch war an seinem Mund befestigt. Das Geräusch der Beatmungsmaschine, dieser Pumpe, die sich auf und ab bewegt, werde ich wohl in meinem ganzen Leben nie vergessen. Überall Maschinen, Kabel etc. Ich stand unter Schock, ich konnte die Tränen nicht mehr zurückhalten. Er sah sehr, sehr alt aus, als wäre er schon 50, dabei war er gerade erst 28. Das kam wahrscheinlich daher, weil er sehr viel Blut verloren hatte. Er hatte auch deutlich sichtbare Kratzer. Ich stand neben seinem Bett, berührte ihn und redete mit ihm. „Jetzt wird er erst mal stabilisiert, an seinen Verletzungen wird vorläufig noch nichts gemacht", sagten sie. Es schien, als wäre P. ganz weit weg, ich konnte ihn nicht fassen. Ich fühlte mich wie in einer Wattehülle gefangen. Die Geräusche nahm ich nur gedämpft wahr und meine Gedanken waren wie eingefroren. Sie sagten, ich dürfe jederzeit kommen, um bei ihm zu sein. Ich entschied mich, erst einmal nach Hause zu gehen, um am späteren Nachmittag wiederzukommen.

Zuhause empfing mich einfach nur völlige Stille und Leere. Das Einzige, was ich in diesem Zustand machen konnte, war staubsaugen. Ich hatte tausend Gedanken und fühlte, wie die Angst aufstieg. Tränen rollten mir ständig übers Gesicht, während ich alle Räume mit grosser Perfektion saugte. Ich funktionierte einfach und stand unter Schock. Wieder in der Intensivstation in Aarau, nahm ich die gleichen Gerüche und das Geräusch der Beatmungsmaschine wahr. Ich berührte P., redete mit ihm und schickte ihm Licht. Ich hatte einen kleinen Engel von zuhause mitgenommen, den ich auf das Gestell über seinem Bett legte. Die Krankenschwester übergab mir einen Sack mit seiner verkratzten und stehengebliebenen Uhr und unseren mit Erde und Blut verschmutzten Freundschaftsring. Ich wurde gebeten, beim nächsten Besuch CDs von P. mitzunehmen, solche, die er gerne hörte. Sie würden die Musik abspielen, das würde ihm helfen. Er lag im künstlichen Koma. Zu Hause suchte ich seine CDs heraus, musste sie erst anhören, um die passenden auszuwählen, die Tränen flossen und verzweifelt dachte ich: „Wird er überleben? Wenn ja, mit welchen körperlichen Schäden?" Es kostete mich Überwindung, für mich zu kochen und alleine am Tisch zu essen. Es war unerträglich, so entschied ich mich, künftig nicht mehr für mich zu kochen. Ich holte mir Fertiggerichte oder machte mir ab und zu ein Sandwich. Jeden Morgen kurz nach dem Aufwachen gab es die schwierigsten Momente. Denn in den ersten Sekunden nach dem Aufwachen erinnerte ich mich nicht gleich an die schlimme Situation. Ein kurzer unbeschwerter Augenblick. Doch dann brach die Realität unweigerlich über mich herein. Ich wünschte mir, dass man mich in ein Spitalzimmer bringt und mich betäubt, damit ich schlafen kann und nichts mehr mitkriege. Ich drohte durchzudrehen, meine Grenzen waren erreicht.

In jener Woche wurde er in Aarau diverse Male operiert. Sie sagten, beide Füsse seien zertrümmert und um 180° verdreht. Er wurde am Knie, an den Füssen und Wirbeln operiert. Mit einem Metallgestell wurde der Kopf mit Schrauben fixiert, um den Oberkörper unbeweglich zu machen. Er bekam eine Sonde zur Druckmessung im Gehirn eingesetzt, um eine Hirnblutung zu verhindern. Ich war zu Besuch und hörte: „Sie kollabiert uns!" Mir wurde schwarz vor den Augen. Ich war am Limit meiner Kräfte angelangt. Diverse Male beobachtete ich in Aarau, wie die Ärzte mit einer dünnen Nadel seine Füsse und Beine berührten, um zu prüfen, ob er etwas spürte. P. verneinte jedes Mal. Er konnte die Beine nicht bewegen. An einem anderen Abend wurde P. plötzlich von den Ärzten aus der Intensivstation gebracht, ich bemerkte die aufkommende Hektik. Angst durchströmte meinen Körper. Es war 20.30 Uhr, sie sagten, er müsse wegen einer Verschlechterung seines Zustandes umgehend operiert werden. Ich solle nach Hause gehen, sie würden mich nach der OP anrufen. Zu Hause angekommen, befiel mich wieder die unerträgliche Stille, Minuten vergingen wie Stunden, Stunden wie Tage. Ich schickte ihm Licht und stellte mir die Operation in diesem Licht vor. Ich legte mich aufs Sofa mit dem Telefon in der Hand. Etwa um Mitternacht klingelte es, alles war gut gegangen! Aber richtig beruhigt war ich dennoch nicht.

Der Tag kam, wo P. nicht mehr an der Beatmungsmaschine hing. Er öffnete die Augen, was für eine Freude! Als ich ihn jedoch reden hörte, mischte sich das Gefühl der Freude mit Entsetzen. Er lallte wirres Zeug, die Krankenschwester erklärte, dass dies vom Morphin komme. Er sollte ins Paraplegikerzentrum Nottwil überwiesen werden. Ich wusste damals nicht, was ein Paraplegiker ist. Die Erkenntnis kam später, schockartig.

Das Paraplegikerzentrum Nottwil

P. wurde in die Intensivstation nach Nottwil verlegt. Mein Leben stand still. Wie mit Wattebäuschen in den Ohren, betäubt, lebte ich Tag für

Tag. Ein Schock in Nottwil, überall sah man nur Rollstuhl-Patienten! Nun dämmerte mir, was ein Paraplegiker ist. P. erzählte mir seinen Traum, er sei in einem Spital in Afrika gewesen. Man hätte ihm gesagt, seine Zeit sei noch nicht gekommen, er dürfe sich jedoch dort ausruhen. Im Traum wurde er von Krankenschwestern gepflegt. In der Nacht hatte er von seinem Fenster aus einen riesigen Sonnenaufgang gesehen und gewusst, dass alles gut werden würde. Er war davon sehr berührt. Für mich war es ein gutes Zeichen, obwohl die Situation überhaupt nicht vielversprechend aussah. Die Ärzte meinten, es sehe nicht gut aus, der zweite, der dritte, der fünfte, der siebte und der zwölfte Wirbel seien verletzt. Ich stand unter Schock, liess mir aber nichts anmerken. „Du wirst wieder laufen", das habe ich ihm wiederholt gesagt, so oft ich konnte. Wieder folgte eine Operation, er bekam ein neues Gestell, um die Halswirbel zu fixieren. Es war, als würde der Alptraum nicht enden, im Gegenteil, es folgte ein Funktionieren in der Ohnmacht gemischt mit Panik und Angst. Ich schickte ihm in Gedanken immer wieder ein heilendes Licht. Jeden Abend sass ich in unserer Wohnung und sandte das Licht zu einem kleinen Altar mit Fotos von P., Engeln, Kristallen und Kerzen. Ich war unbeirrt und habe mich von den Aussagen der Ärzte nicht von meinem Weg abbringen lassen. Jeden Tag, jede mögliche Stunde verbrachte ich damit, seinen ganzen Körper, vor allem die verletzten Knochen, Rückenwirbel, Bänder, Muskeln, in weisses, goldenes und heilendes Licht zu hüllen. Ich sah ihn aufrecht stehen und laufen. Er war überglücklich und vollkommen gesund. Immer und immer wieder stellte ich mir diese Realität vor.

Mein Leben bestand nur darin, zu arbeiten und um 17 Uhr nach Nottwil zu fahren. Bei P. liess ich mir nichts anmerken, war stark und gab ihm alle erdenkliche Kraft. Ich schärfte ihm immer wieder ein, dass er irgendwann laufen könne, obwohl es aus der Sicht der Ärzte überhaupt nicht danach aussah. Dieses flaue Gefühl in der Magengegend war mein ständiger Begleiter. An einem Nachmittag kam eine Sozialarbeiterin ins Zimmer und fragte, wie es P. gehe. Dann kam die unerwartete Frage an mich: „Und wie geht es Ihnen?" Auf diese Frage war ich nicht gefasst. Ich hatte einen Zusammenbruch, weinte, sie erkannte, wie schlecht es um mich stand. Niemand hatte in dieser ganzen Zeit gefragt, wie es mir ginge. P. war erschrocken und konnte nicht verstehen, wieso ich so verzweifelt war. Er wusste ja nichts von den Ängsten, dass er dauerhaft Paraplegiker oder Tetraplegiker bleiben konnte. Es gab Abende auf der Heimfahrt, da drehte ich die Musik extrem laut auf, einfach, um keine negativen Gedanken mehr zu haben, um nichts mehr zu hören und zu fühlen. Mit 28 Jahren habe ich an einem dieser Abende angefangen zu rauchen. Es beruhigte mich. So vergingen Tage und Wochen, das war nun mein Leben. Jedes Aufstehen am Morgen und jeder Schritt im Laufe des Tages nötigte mir unwahrscheinlich viel Kraft ab.

Als sich sein Zustand stabilisiert hatte, musste er lernen, mit Hilfe eines Holzbrettes in den Rollstuhl zu gleiten. Es war am Anfang sehr anstrengend. Endlich mobil zu sein und aufrecht sitzen zu können, war ein Riesenschritt. Wir konnten in die Cafeteria etwas trinken gehen oder er konnte auch mit anderen Patienten an einem Tisch essen und neue Kontakte knüpfen. An einem Abend erlebten wir auf der Terrasse einen schönen Sonnenuntergang. Ein magischer Moment, wir waren ganz still, jeder verharrte in seinen Gedanken. Dass wir das je wieder erleben durften, hätten wir vor Wochen nicht geglaubt. Ich sagte der Sonne dieser Kraft des hellen Lichtes Danke. Es war, als wären wir ausserhalb der normalen Welt, verbunden mit der Natur und der Magie eines Sonnenunterganges. Waren dankbar, dass er am Leben war. Dieser Moment bewegt mich nach 24 Jahren noch tief. Es war ein überwältigendes Gefühl, wir standen dem Licht, dem Universum mit seinen Gesetzmässigkeiten etwas näher. In diesen Augenblicken versteht man so vieles, vor allem, was im Leben von Bedeutung ist. Ich durfte lernen, dass die Liebe unter den Mitmenschen das Wichtigste im Leben ist. Vieles aus dem Alltag erschien so sinnlos, das Verhalten gewisser Menschen, das Nicht-zeigen-Können, wer man wirklich ist. Noch heute mag ich authentische Menschen am liebsten, solche, die einem nichts vormachen. In diesen Situationen wird einem bewusst, dass es keine Rolle spielt, wie man aussieht, was man hat, wer man vorgibt zu sein. Nein, es geht ganz einfach um die Seele.

An einem Abend sprachen wir mit einem jungen Paraplegiker. Wir behaupteten, dass P. laufen werde. Der junge Mann fragte: „Wie laufen?" „Er wird laufen!" Er schaute uns mit einem verwunderten Gesicht an, als hätten wir uns wohl noch nicht mit dem unabänderlichen Schicksal abgefunden. Dieses Gesicht sollte mir in Zukunft noch oft begegnen. Es war schwierig, etwas vor P. überaus optimistisch zu behaupten, ohne überhaupt eine Sicherheit zu haben. An einem Nachmittag hatten wir einen Termin bei einer Sozialarbeiterin. Wir wussten nicht, was uns erwartete. Sie begann damit, dass es um den Umbau unserer Wohnung ginge, dass sie rollstuhltauglich gemacht werden müsste und dass man eine Treppenhilfe bräuchte. So, nun wurden wir mit der harten Realität konfrontiert! P. sah ganz überrascht aus und verstand nicht, was sie damit meinte. Mir drehte es den Magen um. Mit Tränen in den Augen versuchte ich zu erklären, dass P. laufen würde, und dass wir all das nicht brauchen werden. Wieder dieses verzerrte Gesicht. Wir vereinbarten, dieses Gespräch in ein paar Monaten zu wiederholen. Über Wochen hatte ich Angst und hoffte, dass dieses Gespräch nie mehr stattfinden würde.

Die Rehabilitation

Bald schon hatte er einen Physioplan mit diversen Therapien. Am Freitagnachmittag war ich jeweils dabei. Er übte mit seiner Physiotherapeutin auf grossen blauen Matten, in den Rollstuhl und wieder zurück zu gelangen. Es war nicht einfach, seine Schwierigkeiten bei den Übungen mit ansehen zu müssen. Dieser Anblick eines eigentlich starken Mannes, der hilflos und unter vollem Krafteinsatz versucht, Bewegungen zu machen, war nur schwer auszuhalten. Anstelle eines unbeschwerten freien Tages musste ich mich dieser Wirklichkeit stellen. Vor uns lag ein langer Weg. Eines Tages fasste ich den ganzen Mut und fragte die Physiotherapeutin in Abwesenheit von P., ob er jemals wieder laufen könne. Sie schaute mich mit dem bekannten verzerrten

Gesicht an. Mir wurde es innerlich übel, aber natürlich liess ich mir äusserlich nichts anmerken. Wieso hatte ich bloss gefragt? Ich hätte so gerne einfach mal ein beruhigendes „JA" gehört. Verzweifelt musste ich mit diesem Gefühl umgehen. Ich entschied mich, keine Fragen mehr zu stellen.

An einem Freitag sah ich, wie sich P. an einem Barren hochheben konnte. Er versuchte zu laufen. Wie erschreckend, seine Beine so dünn zu sehen! Die ganzen Muskeln waren weg. Trotzdem war ich dankbar, diese Übung war ein grosser Fortschritt. Es war für P. körperlich ein enormer Kraftakt. Was es für ihn psychisch bedeutete, weiss ich nicht. Er übte Woche für Woche. Als er körperlich so gestärkt war, die Beine und Füsse einigermassen in Griff hatte, übte er, mit Krücken zu gehen. Ich durfte mit, als er versuchte, die Treppen hochzusteigen. Ich musste immer hinter ihm stehen, falls er das Gleichgewicht verlieren sollte, hätte ich ihn auffangen können. Er musste 21 Stufen schaffen. Erst dann konnte er nach Hause kommen, denn wir hatten ja keinen Lift. Unglaublich, was er erreicht hatte, ich war so stolz auf ihn.

Der Engel im November

Wie jeden Abend hatte ich mit einer Kerze, den aufgestellten Engeln und Fotos meditiert und ihm helles Licht geschickt. Danach hatte ich die Kerze noch brennen lassen, während ich ferngesehen hatte. Als ich schlafen gehen wollte, war der Docht der Kerze fast abgebrannt. Ich habe sie ausgeblasen und der Restdocht schwamm komplett im flüssigen Wachs. Wie jeden Abend übergab ich alles dem Universum, den hellen Lichtwesen und Erzengeln. Im November war es am Morgen dunkel. Ich öffnete die Schlafzimmertür und sah die Kerze hell leuchten, sie brannte. Sie erleuchtete einen Engel und das Foto von P. Der ganze Raum war hell. Ich dachte, ich sehe nicht richtig. Die Kerze war doch schon erloschen! Ich schaute, ob ich das Fenster vielleicht gekippt hätte und sie durch einen Windstoss vielleicht wieder entfacht worden war. Aber der Docht war ja komplett vom flüssigen Wachs bedeckt gewesen. Es gab keine logische Erklärung, auch wenn ich intensiv danach suchte. Ich stellte meinen Verstand ab und liess mich von diesem Licht und dieser Energie einhüllen. Es war still und magisch, mir stiegen Tränen in die Augen. Es war ein klares Zeichen der Engel, P. würde wieder gesund werden. Ich fühlte es und war überwältigt. In mir wurde es ganz ruhig. Ich sehe das Bild noch heute klar vor meinen Augen, was für ein magischer Moment! Ich war den Engeln, dem Licht und dem Universum etwas näher gekommen und dankbar, diesen kleinen Einblick bekommen zu haben. Ich wurde von den Flügeln der Engel berührt.

Weihnachten zu Hause

Von Anfang an hatte ich P. eingebläut, dass er an Weihnachten zuhause sein würde. Tatsächlich wurde ich informiert, dass er nach zahlreichen Untersuchungen und Röntgenaufnahmen, welche positiv verlaufen waren, genau an Weihnachten entlassen werden konnte. Wir waren überglücklich und dankbar. Gemeinsam hatten wir es geschafft. Unser Glaube und die Liebe hatten alles zum Positiven gewendet. Natürlich ist er auch heute mit diversen körperlichen Schäden, Schmerzen und Beeinträchtigungen belastet. Aber wir durften die Magie des Weihnachtsfestes erleben, obwohl nichts mehr so war, wie es einmal gewesen ist.

Für mich

Mir hat das Ganze gezeigt: Egal wie ausweglos eine Situation zu sein scheint, der Glaube versetzt Berge. Den Glauben und das Vertrauen in einer solch hoffnungslosen Situation zu bewahren, erfordert enorm viel Kraft. Diese holte ich mir in der geistigen Welt und aus der Natur. Ohne Meditation, ohne Glauben an unsichtbare Kräfte und Vertrauen in das Universum hätte ich es nie geschafft. Ich wünsche mir, dass meine Geschichte den Menschen Kraft und Hoffnung gibt.

Einmal hin und zurück

Ich war in der Arbeit und zog an einer Dossier-Schublade des Akten-schranks. Dieser war versehentlich nicht an der Wand befestigt, so kam er vom Eigengewicht ins Wanken. Der schwere Schrank kam auf mich zu, ich drehte mich weg, und er landete auf meinem Rücken. Ich hatte noch versucht wegzulaufen, dies war jedoch unmöglich. Das Gewicht war massiv und ich konnte es nicht mehr halten. Ich erinnere mich, wie ich auf die Knie fiel, mit dem ganzen Schrank auf dem Rücken. Alles geschah in Zeitlupe, ich überlegte, wie ich dieser aussichtslosen Situation entkommen sollte. Irgendwie schaffte ich es, mich auf den Rücken zu drehen. Eine Stehlampe war ebenfalls um-gefallen, der Schrank landete auf ihr. Nun lag ich mit dem Rücken auf dem Boden. Zwei Millimeter vor meiner Nase lag der Schrank. Nur meine Beine ragten unten heraus. Das alles stellte ich zu einem spä-teren Zeitpunkt fest.

Ich schwebte weit weg von meinem Körper. Ich befand mich in einer rosaroten Nebula-Landschaft im Universum. Ich hatte keinen Körper mehr, ich war eins mit der Umgebung. Ich versuchte, mit meinem rechten Arm nach rechts zu fassen. Ich konnte in wenigen Sekunden unglaublich weit greifen. Ich probierte es mit dem linken Arm, auch da war es möglich. Ich war mit diesem wunderbaren rosafarbenen Uni-versum mit Nebula-Gebilden vereint. Diese wunderschöne Stille und unfassbare Unbeschwertheit, das reinste Glücksgefühl! Ich bemerkte, wie ich plötzlich wieder in meinen Körper gezogen wurde. „Nein, ich will nicht! Es ist eng im Körper! Man hat tausend Gedanken!" Ich wollte nicht zurück, denn ich hatte dieses wunderbare Sein gekostet. Später versuchte ich, mit Meditieren wieder an diesen Ort zu reisen, denn diese Sehnsucht ist bis heute gross. Trotz allem war ich dankbar, am Leben zu sein.

Seelentexte

Als ein unerwartetes Geschenk wurde ich mir diese Gabe vor drei Jahren bewusst. Ich habe begonnen, den Menschen Seelentexte zu schreiben. Ich benötige ein Foto von ihren Augen und das Geburtsdatum. Ich verfasse die Texte für Kinder, Menschen, die ich nicht kenne oder für solche, die bereits gestorben sind. Die Rückmeldungen sind berührend. Für mich ist das Schreiben der Seelentexte – aber auch meines Innenlebens – zu einem wunderbaren Sprachrohr geworden. Ich kann meine Gefühle und mein Innerstes nach aussen tragen und andere berühren.

Avalon

Nachdem ich selbst an diesem magischen Orten tief berührt wurde und beim Tor das Gefühl hatte, wieder zu Hause zu sein, begleite ich dich auf dieser wunderbaren, mystischen Reise in Deutsch und Italienisch. Glastonbury – The Isle of Avalon – die Nebelinsel – ist ein Kraftplatz schlechthin. Der Ort liegt auf dem Schnittpunkt mehrerer Ley Lines (Kraftlinien) und man sagt, dass dort das Herzchakra von Mutter Erde liegt. Gemeinsam reisen wir zu verschiedenen Kraftquellen.

Lass dich von deiner Intuition führen

Ich gehe als Vorbild voraus, um Menschen zu motivieren, aus ihren Ängsten und Blockaden zu kommen. Seit Jahren begleite ich Menschen in schwierigen Situationen. Oft bleiben die Menschen an Ort und Stelle und beklagen sich, dass sich nichts verändert. Wenn du nicht bereit bist, etwas zu verändern, dann bleibst du Opfer der Situation. Dann verbringst du Jahre damit, dich zu beklagen und unzufrieden zu sein. Diese Worte sollen dich zum Nachdenken animieren, und wenn du in der Stille ohne Geräusche, Meinungen anderer und Erwartungen in dein Herz hörst, der leisen Stimme Beachtung schenkst, dann bekommst du Antworten für nächste Schritte. Oft habe ich Angst überwunden und bin einen Schritt in die unangenehme Leere gegangen. Indem ich es gewagt habe – egal was mein Umfeld dazu sagte –, konnte ich grosse Schritte gehen und Unmögliches verwirklichen.

Ich selber gehe immer wieder aus meiner Komfortzone, gestalte das Leben leidenschaftlich und bunt. Hätte ich auf all die gutgemeinten Ratschläge gehört, hätte ich nichts riskiert, wäre ich sicherlich nicht da, wo ich heute stehe. Ich ermutige dich, Schritte zu gehen, spüre, was dich glücklich macht und laufe los. Falls du den Weg nicht alleine gehen möchtest, stehe ich dir gerne als Coach zur Seite.

Liliana Pellegrino

Vi accompagno in questo viaggio attraverso eventi che hanno cambiato profondamente la mia vita.

L'incidente del 29 giugno 2000

Era una bella e calda sera d'estate, l'Italia aveva appena vinto contro l'Olanda nel Campionato Europeo 2000. Il mio ragazzo di allora, P., era ad una cena di lavoro. All'una di notte il campanello mi svegliò, non c'era P. accanto a me. Avevo lasciato la chiave nella serratura? La prima occhiata alla serratura lo smentì. Si diffuse una sensazione di angoscia. Dallo spioncino vidi due poliziotti, aprii la porta, il cuore mi batteva forte. Il poliziotto mi spiegò che P. aveva avuto un grave incidente stradale. Lo stavano trasportando in ospedale con il soccorso aereo. Ero in uno stato di shock iniziale e pensavo: perché non lo portano in ambulanza? A mente lucida, è ovvio che la situazione era grave appena entra in gioco il soccorso aereo. Non mi era ancora chiaro che era in pericolo di vita e che la sua vita era appesa ad un sottile filo. I miei pensieri erano intorpiditi e molto lenti. Insieme chiamammo la Rega per sapere dove sarebbe stato portato. Il telefono mi cadde sul pavimento. Mi resi conto che non ero più nel mio stato normale. A Zurigo non c'era posto, lo portarono all'ospedale cantonale di Aarau. „Va bene per lei o dobbiamo accompagnarla?". Risposi negativamente: „Va bene così".

Il pronto soccorso dell'ospedale cantonale di Aarau

Una volta lì, aspettai nella sala d'attesa. Lentamente, le sensazioni di ansia cominciarono a farsi sentire. Pensavo: sicuramente ha qualche frattura e tutto andrà bene. La mia testa non permetteva altri pensieri, ero paralizzata. Dopo un tempo interminabile, finalmente arrivò un medico: „Lo stiamo stabilizzando, ha perso molto sangue, diverse vertebre sono lesionate, entrambi i piedi sono fracassati e ruotati di 180 gradi, la spalla sinistra è recisa internamente, il ginocchio è lesionato. Presto lo potrà raggiungere nel reparto di terapia intensiva. La sua vita è in pericolo". Le lacrime mi scendevano sulle guance, paura, panico, sbigottita, uscii brevemente per prendere un po' d'aria. Mi ricordo la natura e una fontana. Chiusi gli occhi e mandai la luce a P., lo conoscevo dalle pratiche di meditazione. Quando entrai nel reparto di terapia intensiva, la mia tensione era palpabile, una sensazione di pura, semplice paura. Era lì, attaccato ad un respiratore, con un tubo attaccato alla bocca. Il suono del respiratore, questa pompa che andava su e giù, probabilmente non lo dimenticherò mai in tutta la mia vita. C'erano macchine dappertutto, cavi ecc. Ero in continuo shock, non riuscivo a trattenere le lacrime. Sembrava molto, molto vecchio, come se avesse 50 anni, ma ne aveva 28, probabilmente perché aveva perso molto sangue. Aveva graffi visibili. Mi misi accanto al suo letto, lo toccai e gli parlai. Mi dissero: „Lo stanno stabilizzando, non faranno ancora nulla per le sue ferite". Sembrava che P. fosse molto lontano, non riuscivo ad afferrarlo. Mi sembrava di essere in un guscio imbottito. I suoni erano ovattati e i miei pensieri erano molto lenti. Decisi di andare a casa e di tornare nel pomeriggio. Arrivata a casa, c'erano solo silenzio e vuoto. L'unica cosa che potevo fare in questo stato era passare l'aspirapolvere. Le lacrime continuavano a scorrere sul mio viso mentre passavo l'aspirapolvere in tutte le stanze con perfezione. Ero funzionante e smarrita. Più tardi, nel reparto di terapia intensiva di Aarau, notai di nuovo gli stessi odori e il suono del respiratore. Toccai P., gli parlai e gli mandai nuovamente luce. Avevo portato con me un angioletto che misi vicino al suo letto. L'infermiera mi consegnò un sacchetto con il suo orologio graffiato e fermo ed il nostro anello dell'amicizia, macchiato di terra e sangue, e mi fu chiesto di portare dei CD di P., i suoi preferiti. Gli avrebbero messo la musica, per aiutarlo. Era in coma artificiale. A casa cercai i suoi CD, dovetti ascoltarli per sceglierli, le lacrime scorrevano e pensavo disperatamente „sopravviverà? se sì, con quali danni fisici?". Era incredibilmente difficile cucinare per me stessa e mangiare da sola a tavola. Era insopportabile, così decisi di non cucinare più. Prendevo qualcosa o mi preparavo un panino. Ogni mattina, dopo il risveglio, erano i momenti più difficili. Perché nei primi due secondi dopo il risveglio non ricordavo ancora la grave situazione.

Come un breve momento di spensieratezza. Ma poi la realtà irrompeva inevitabilmente su di me. Avrei preferito essere portata in una stanza d'ospedale e anestetizzata per non sentire nulla. Pensavo di essere sul punto di impazzire, i miei limiti erano stati raggiunti.

Quella settimana fu operato più volte ad Aarau. Operarono il ginocchio, i piedi e le vertebre. Una struttura metallica con viti fu utilizzata per fissare la testa e immobilizzargli la parte superiore del corpo. Gli fu inserita una sonda nella fronte per misurare la pressione nel cervello e prevenire un'emorragia cerebrale. Ero in visita e sentii: "sta collassando", ero svenuta, avevo raggiunto il limite delle mie forze. Più volte ad Aarau vidi i medici toccargli i piedi e le gambe con un ago sottile per vedere se sentiva qualcosa. P. lo negava. Non poteva muovere le gambe. Un'altra sera, P. fu improvvisamente portato fuori dal reparto di terapia intensiva, notai la fretta. La paura mi invase il corpo. Erano le 20.30, mi dissero che doveva essere operato immediatamente a causa di un peggioramento, e che sarei dovuta andare a casa, mi avrebbero chiamata dopo l'operazione. Arrivata a casa, il silenzio insopportabile, i minuti passavano come ore, le ore come giorni. Gli mandai la luce e immaginai l'operazione nella luce. Mi sdraiai sul divano con il telefono in mano. Verso mezzanotte squillò, tutto era andato bene. Ma non ero rassicurata.

Arrivò il giorno in cui P. non era più attaccato al respiratore e aprì gli occhi, che gioia! Ma quando lo sentii parlare, la sensazione di gioia si mescolò all'orrore! Balbettava in modo confuso, l'infermiera mi spiegò che era colpa della morfina. Doveva essere trasferito al Centro paraplegici di Nottwil. All'epoca non sapevo cosa fosse un paraplegico. Lo capii più tardi, in modo scioccante!

Il Centro paraplegici di Nottwil

P. fu trasferito nel reparto di terapia intensiva di Nottwil. La mia vita si fermò, come se avessi dei batuffoli di cotone nelle orecchie, come se fossi in un limbo, vivevo giorno per giorno. Lo shock a Nottwil, ovunque pazienti in sedia a rotelle! Ora avevo capito cos'è un paraplegico. P. mi raccontò il suo sogno: si trovava in un ospedale in Africa, gli era stato detto che la sua ora non era ancora giunta ma che gli era stato concesso di riposare lì. Nel sogno era assistito da infermiere. Durante la notte, aveva visto un'enorme alba alla finestra e sapeva che tutto sarebbe andato bene. Era molto commosso. Per me era un buon segno, anche se la situazione non sembrava affatto promettente. Un giorno i medici dissero: „Non va bene, la seconda, la terza, la quinta, la settima e la dodicesima vertebra sono lesionate". Ero sotto shock, non glielo feci capire, gli ripetevo il più spesso possibile „camminerai". Seguì un'altra operazione, gli fu applicata una nuova struttura per fissare le vertebre cervicali. Era come se l'incubo non finisse, al contrario, era un funzionamento nell'incoscienza, misto a panico e paura. Essere improvvisamente sola non è stato facile. Continuavo a mandargli una luce di guarigione con i pensieri. Ogni sera mi sedevo nel nostro appartamento vuoto e mandavo la luce davanti ad un piccolo altare con varie foto, angeli, cristalli e candele. Ero imperterrita e non mi lasciavo distrarre da ciò che dicevano i medici. Ogni giorno, ogni ora possibile, trascorrevo il tempo avvolgendo tutto il suo corpo, soprattutto le ossa, le vertebre, i legamenti ed i muscoli feriti con una luce bianca, dorata e curativa. L'immaginavo stare in piedi e camminare. Era felicissimo e completamente sano. Più e più volte immaginai questa realtà. La mia vita consisteva nel lavorare e nell'andare a Nottwil alle 5 del pomeriggio. A P. non lo facevo capire, ero forte e gli davo tutta la forza che potevo. Continuavo a ripetergli che avrebbe camminato. Anche se dal parere medico non sembrava affatto così. Tuttavia, quella sensazione di spossamento nella zona dello stomaco era costante. Un pomeriggio, un'assistente sociale entrò nella stanza e chiese come stava P. e poi, a quel punto, arrivò la domanda inaspettata: come stessi io? Non ero preparata a questa domanda. Ho avuto un crollo, ho pianto e lei ha capito subito come stavo. Nessuno mi aveva chiesto come stavo in tutto questo tempo.

P. era scioccato e non riusciva a capire perché fossi così angosciata. Dopo tutto, non sapeva nulla delle paure di essere paraplegico o tetraplegico. C'erano sere in cui, durante il viaggio di ritorno a casa, alzavo il volume della musica, solo per non avere più pensieri, per non sentire nulla. A 28 anni, in una di quelle sere, ho iniziato a fumare. Mi calmava. Così passarono giorni e settimane, quella era ormai la mia vita. Ogni volta che mi alzavo al mattino e ogni passo che facevo durante la giornata richiedeva una forza incredibile.

Quando le sue condizioni furono stabilizzate, dovette imparare a scivolare sulla sedia a rotelle con l'aiuto di una tavola di legno. All'inizio fu faticoso, ma essere finalmente in grado di muoversi e di sedersi in posizione eretta fu un passo enorme. Così potevamo andare alla caffetteria e bere qualcosa o lui poteva mangiare ad un tavolo con altri pazienti e fare nuove conoscenze. Una sera abbiamo assistito ad un bellissimo tramonto sulla terrazza. Un momento magico, eravamo completamente in silenzio, ognuno nei propri pensieri. Non avremmo mai creduto, sino ad allora, di poter rivivere un'esperienza simile. Ringraziai il sole e questo potere della luce. Era come se fossimo fuori dal mondo normale, connessi alla natura e alla magia di un tramonto. Grati di essere vivi. Quel momento mi commuove ancora profondamente dopo 24 anni. Fu una sensazione travolgente, eravamo un po' più vicini alla luce, all'universo con le sue leggi. In questi momenti si capiscono tante cose, soprattutto ciò che è importante nella vita. Mi è stato permesso di imparare che l'amore tra gli esseri umani è la cosa più importante della vita. Molte cose della vita quotidiana sembravano così inutili, il comportamento di certe persone, il non potersi mostrare per quello che si è veramente. Ancora oggi, preferisco le persone autentiche, quelle che non fingono. In queste situazioni ci si rende conto che non importa l'aspetto, il patrimonio, la persona che si finge di essere. No, si tratta semplicemente dell'anima dell'essere umano e della connessione tra le persone. Mi ero avvicinata un po' di più agli angeli, alla luce e all'universo, ero grata di aver avuto questa iniziazione.

Un'altra sera parlammo con un giovane paraplegico, affermando che P. Avrebbe camminato, il giovane chiese: „come? camminerà? „camminerà!", ci guardò con uno sguardo incredulo, come se probabilmente non ci fossimo ancora rassegnati al destino. Avrei incontrato quello sguardo altre volte in futuro. Era difficile fare finta di niente, comportarsi normalmente di fronte a P., anche se non avevo alcuna sicurezza. Un venerdì pomeriggio avevamo un appuntamento con un'assistente sociale. Non sapevamo cosa aspettarci. Inizio dicendoci che il nostro appartamento doveva essere trasformato, che doveva essere reso accessibile alla sedie ecc. Fu così che ci trovammo di fronte alla realtà. P. sembrava piuttosto sorpreso e non capiva cosa volesse dire. Mi si rivoltò lo stomaco! Con le lacrime agli occhi cercavo di spiegarle che P. avrebbe camminato e che non avremmo avuto bisogno di tutto questo. Di nuovo quello sguardo incredulo. Concludemmo che questa conversazione si sarebbe ripetuta tra qualche mese. Per settimane ebbi paura e sperai che questa conversazione non si fosse ripetuta.

La riabilitazione

Presto ebbe un piano di fisioterapia. Il venerdì pomeriggio ero sempre presente. Si esercitava con la fisioterapista su grandi cuscini blu per tornare sulla sedia a rotelle e sulla schiena. Non era facile osservare le sue difficoltà durante gli esercizi. La vista di un uomo veramente forte, che cercava impotente di fare movimenti con tutta la sua forza, era difficile da sopportare. Invece di un giorno di riposo spensierato, mi ritrovavo in questa realtà. Ci aspettava un lungo cammino. Un giorno raccolsi tutto il mio coraggio e chiesi alla fisioterapista, in assenza di P., se avrebbe ripreso a camminare. Lei mi guardò con la solita espressione. Mi sentii male dentro, ma naturalmente non lo diedi a vedere. Perché l'avevo chiesto? Mi sarebbe piaciuto sentire un SÌ rassicurante. Decisi di non chiederlo più. Un venerdì vidi P. che si sollevava su una specie di sbarra. Stava cercando di camminare. Ero grata, questo esercizio era un grande passo. Fu uno sforzo fisico enorme per P. Non so come sia stato per lui dal punto di vista psicologico. Si esercitò per settimane. Quando era fisicamente più forte e aveva le gambe e i piedi più o meno sotto controllo, si esercitò a camminare con le stampelle. Mi fu permesso di unirmi a lui quando provò a salire le scale. Dovetti stare dietro di lui, in modo che, se avesse perso l'equilibrio, avrei potuto sostenerlo. Doveva riuscire a salire 21 gradini. Solo allora sarebbe potuto tornare a casa, perché non avevamo l'ascensore. Era incredibile quello che aveva raggiunto, ero così orgogliosa di lui, ma non riuscivo ancora a stare tranquilla.

L'angelo di novembre

Come tutte le sere, avevo meditato con una candela, gli angeli allestiti e varie foto e gli avevo inviato una luce brillante. Poi avevo lasciato la candela accesa mentre guardavo la televisione. Quando andai a letto, lo stoppino della candela gialla era alla fine. La spensi e lo stoppino rimasto galleggiava completamente nella cera liquida. Come ogni sera, consegnai tutto all'universo, agli esseri luminosi e agli angeli. Nel buio di quella mattina di novembre, aprii la porta della camera da letto e vidi la candela che brillava, bruciando, illuminava un angelo e la foto di P. tutta la stanza era luminosa. All'inizio pensavo di non vederci bene. Guardai per vedere se avevo inclinato la finestra e forse il vento l'aveva riaccesa. Ma lo stoppino era stato completamente ricoperto di cera liquida la sera prima si trovava intonso. No, non c'era una spiegazione logica. Spensi la mente e mi lasciai avvolgere da questa luce e da questa energia. Tutto era silenzioso e magico. Mi vennero le lacrime agli occhi. Era un chiaro segno degli angeli: P. sarebbe guarito. Lo sentii. Mi tranquillizzai. Riesco ancora a vedere l'immagine chiaramente davanti ai miei occhi, che momento magico! Sono stata toccata dalle ali dei angeli.

Natale a casa

Fin dall'inizio ho continuato a dire a P. che sarebbe tornato a casa per Natale. In effetti, mi è stato comunicato che dopo numerosi esami e radiografie, con esito positivo, sarebbe stato dimesso proprio a Natale. Eravamo felicissimi e grati. Insieme c'è l'avevamo fatta. La nostra fede e il nostro amore avevano fatto sì che tutto si risolvesse positivamente. Tutt'oggi P. ha ancora danni fisici, dolori e menomazioni. Abbiamo potuto vivere la magia del Natale, ma nonostante tutto, niente era più come prima.

Per me

L'intera vicenda mi ha dimostrato che, per quanto una situazione possa sembrare disperata, la fede può spostare montagne. Avere fede e fiducia in una situazione così disperata richiede una forza enorme. L'ho trovata nel mondo spirituale e nella natura. Senza la meditazione, la fede nelle forze invisibili e la fiducia nell'universo, non ce l'avrei mai fatta. Spero che la mia storia dia alle persone la forza e la speranza di credere nel bene e nel fatto che tutto è possibile, indipendentemente da come appaiono le cose al momento.

Una volta andata e ritorno

Ero al lavoro e estraendo un cassetto dallo schedario il quale non essendo correttamente fissato alla parete, cadeva rovinosamente con tutto il suo peso su di me. Adagiandosi violentemente sulla mia schiena. Cercai di scappare ma era troppo tardi, il peso era massivo e non riuscendo più a reggerlo, caddi in ginocchio con l'intero mobile su di me. Tutto accadde a rallentatore, lasciandomi in trappola, pensavo a come uscire da questa situazione disperata. Non so come, ma riuscii a girarmi e sdraiarmi sulla schiena. Una lampada verticale cadendo attuì la caduta. Mi trovai con la schiena sul pavimento con l'armadio a due millimetri dal mio naso da qui sbucavano solo le mie gambe. Ma tutto questo lo scoprii in un secondo momento. Perché oramai fluttuavo lontano dal mio corpo, in un universo rosa. Non avevo più un corpo, ero un tutt'uno con lo spazio circostante. Ho provato ad allungare il braccio destro. Scoprendo che potevo coprire chilometri di distanza in un secondo ed anche con il sinistro nella stessa maniera. Ero unita in questo stupendo universo rosa con formazioni nebulari. È stato meraviglioso vedere, sperimentare e sentire tutto questo. Il silenzio e questa incomprensibile spensieratezza, la più pura sensazione di felicità. Ad un tratto notai che improvvisamente fui con dispiacere riportata nel mio corpo. Dove il primo pensiero fu: "non voglio, è così stretto qui! Ci sono di nuovo mille pensieri! Non voglio tornare indietro dopo avere assaporato queste dimensioni meravigliose." Da quel giorno ho provato a recarmi nuovamente in quel posto sublime con la meditazione, visto che la nostalgia era ed è ancora molto grande. Nonostante tutto, sono felice di essere viva.

Testi dell'anima

Come un regalo inaspettato, ho preso coscienza di questo dono 3 anni fa. Ho iniziato a scrivere testi dell'anima alle persone. Per adulti, bambini, sconosciuti o per persone già morte. La gente rimane molto toccata. Scrivere per me è diventato un mezzo con cui esprimere i miei più profondi ed intimi sentimenti.

Avalon

Essendo stata profondamente toccata da questi luoghi magici e avendo la sensazione di essere tornata di nuovo a casa alla torre, ti accompagno in questo meraviglioso viaggio mistico parlato in tedesco e italiano. Glastonbury – l'Isola di Avalon – è un luogo di energia. Il luogo si trova all'incrocio di diverse Ley Line (linee di energie) e si dice che il chakra del cuore della Madre Terra si trovi lì. Insieme viaggiamo a diverse fonti di potere.

Lasciatevi guidare dall'intuizione

Ad oggi fungo come modello per motivare le persone a vincere le loro paure ed i loro blocchi. Da anni accompagno gli individui in situazioni difficili e ne traggono benefici al contrario di quelli che rimangono fermi e si lamentano costantemente che non cambia nulla, non essendo disposti a lavorarci attivamente, vittime della situazione dando la colpa agli altri. Le mie parole hanno lo scopo di farvi riflettere e se ascoltate il vostro cuore in silenzio, senza opinioni altrui e aspettative, prestando attenzione alla voce interna, otterrete le risposte per i prossimi passi. Io ho spesso superato la paura facendo anche un passo nel vuoto ma osando. Indipendentemente da ciò che pensavano gli altri, sono riuscita a fare passi significativi e a raggiungere ciò che sembrava impossibile. Uscendo spesso dalla mia zona comfort e giocando la vita con passione e colore. Senza ciò non sarei dove sono oggi. Il mio invito è di sentire ciò che vi rende felici e se non volete percorrere il cammino da soli, sarò felice di sostenervi come coach anche in italiano.

Liliana Pellegrino

9
—

»Gehe mit deinem Herzen

in deinen persönlichen

Erfolg und du wirst die

beste Version von dir!«

Beate Grewe

Leichtigkeitstrainerin, Speakerin,
Mentorin für ganzheitliche Pflege, Autorin

Wusstest du, dass das berühmte Zitat
„Sei du selbst; alle anderen sind bereits vergeben!"
von Oscar Wilde stammt?

Authentisch zu sein ist manchmal schwer – doch es
ist der Weg, der dich wirklich zufriedenstellen kann.
Erlaube dir, deinen eigenen Weg zu gehen und finde
den Mut, dein authentisches Selbst zu leben.
Wenn du dieses Kapitel liest, dann lernst du,
wie du in Einklang mit dir selbst kommen und
deine einzigartige Persönlichkeit leben kannst.
In meiner individuellen Arbeit begleite ich die Menschen
aus ihrer persönlichen Krise in das Glücksgefühl
der Freiheit, Lebensfreude und Lebensfülle zurück.

www.beategrewe.de

Warum es wichtig ist,

du selbst zu sein

Beate Grewe

Was bedeutet eigentlich Authentizität? Vielleicht hast du dir diese Frage auch schon gestellt und suchst nach Antworten.

Authentizität hat viele Vorteile. Wenn wir authentisch sind, können wir uns selbst besser kennenlernen und die eigenen Stärken und Schwächen akzeptieren. Es kann auch dazu beitragen, dass wir uns in unserer Haut wohler fühlen und mehr Selbstvertrauen erlangen. Darüber hinaus kann es dazu führen, dass wir bessere Beziehungen zu anderen Menschen aufbauen können, da wir ehrlicher und offener zu uns sind. Deine Befindlichkeit kann also dabei mithelfen, dass du deine Ziele besser erreichst, da du dich auf deine Stärken konzentrieren und deine Schwächen ablegen kannst. Ich hoffe, es ist okay, wenn ich dich mit „Du" anspreche, denn ich schreibe es so, als wenn ich mich mit einer guten Freundin unterhalten würde. Ich bin in meinem Beruf als Leichtigkeitstrainerin und ganzheitliche Pflegeberaterin mit vielen Menschen zusammen, und ich erfahre immer wieder in zahlreichen Gesprächen, wie wichtig es ist, authentisch zu sein, denn oft erlebe ich es in meiner Arbeit komplett anders. Die Menschen sind so gefangen in ihren verschiedenen Rollen, dass sie oft sich selbst ganz vergessen. Kennst du das auch, dass erst einmal alles andere wichtiger ist, bevor du an dich denkst? Hauptsache wir funktionieren irgendwie, und die

Folgen machen sich erst viel später bemerkbar ... Burnout, Erschöpfung, Kraftlosigkeit und sich immer verbiegen ist enorm anstrengend. Ich erwähne es hier, weil ich diese Erfahrungen in meiner Vergangenheit auch gemacht habe und dich noch einmal auffordere, darüber nachzudenken, wie ist es bei dir wirklich ist! Nein, ein Coaching wird das hier jetzt nicht, das Thema könnte aber für dich momentan wichtig sein – obwohl ich deine aktuelle Lebenssituation nicht kenne. Es passiert aber wohl nicht ohne Grund, warum du gerade jetzt dieses Kapitel liest.

Dieses Kapitel soll dir eine Inspiration sein, damit du dich noch einmal besser selbst reflektieren kannst und du die Frage, warum authentisch sein so wichtig ist, besser verstehst. Also sei einfach gespannt auf das, was jetzt kommt und entdecke dich neu.

Authentisch zu sein heißt nichts anderes als man selbst zu sein. Doch gerade in der heutigen Zeit wird dies oft schwieriger denn je. Wir werden von allen Seiten dazu gedrängt, gewissen Normen und Standards zu entsprechen – sei es im Beruf oder im Freundeskreis. Doch was passiert, wenn wir unsere eigene Persönlichkeit unterdrücken und ständig versuchen, jemand anders zu sein? Wir verlieren unsere Selbstachtung und unser Selbstbewusstsein leidet darunter.

Doch wie können wir wieder authentischer werden? Ganz einfach, indem wir uns selbst entdecken!

Selbstreflexion als Schlüssel zur Entdeckung der eigenen Persönlichkeit, wie entdecke ich mich selbst? Das ist oft eine häufig gestellte Frage. Oft sehen wir nicht alles von uns, denn es gibt einen blinden Fleck in unserem Kopf, den wir ständig beiseiteschieben, es ist wie in einem vollen Bücherregal, du siehst es nicht sofort, denn du bist in deinem Alltag so durchgetaktet, dass du das gar nicht sofort bemerkst. Du kannst also hier noch mal dein Leben wie in einem Bücherregal genauer betrachten, schaue genau hin, was sind deine Gedanken, auf was reagierst du besonders und warurn triggert dich das, willst du gefallen, Anerkennung ernten oder liegen ganz andere Gründe bei dir im Verborgenen. Es ist, als wenn du eine Schatztruhe öffnen würdest und du jetzt genau die Dinge betrachtest, die dich kennzeichnen.

Frage dich doch mal ernsthaft: Wer bin ich? Woher kommt meine Leidenschaft für meinen Beruf? Wenn du das Gefühl hast, etwas tun oder sagen zu müssen, dann tue das auch. Natürlich müssen dabei gewisse Grenzen eingehalten werden, aber grundsätzlich solltest du dein Bauchgefühl niemals ignorieren. Beschäftige dich mit den Dingen, die dich auszeichnen! Was macht dich besonders? Welche Talente besitzt du vielleicht sogar, ohne es zu wissen? Wenn du dir diese Fragen beantwortest, folgst du deiner inneren Stimme und sie hilft dir bei deiner Intuition, eine Entscheidung in deinem Leben zu treffen.

Der Weg zum authentischen Ich

Das hört sich einfach an, aber genau das Einfache ist oft viel schwieriger, als wir denken, weil wir erst wieder lernen dürfen, ein Bewusstsein zu entdecken, wer wir eigentlich sind. Aus diesem Grund werden wir hier noch einmal genauer mit der Lupe hinschauen und ich werde dir Tipps für die Praxis geben und Beispiele beschreiben, damit du dich besser kennenlernen kannst und mehr Mut zur Individualität entwickelst, um die eigene innere Stimme wieder zu finden, eigene Grenzen zu setzen, um Nein sagen zu können. Warum lohnt sich der Aufwand, authentisch zu sein? Ich möchte dich auf eine Reise mitnehmen, eine Reise zu deinem inneren Selbst und deiner Intuition. Manchmal fühlen wir uns verloren und unentschlossen. Das passiert oft, weil wir nicht auf unsere innere Stimme hören oder ihr nicht genug Beachtung schenken. In dieser Geschichte werde ich dir zeigen, wie wichtig deine Intuition für Entscheidungen ist und wie du sie stärken kannst.

Als Kinder sind wir in der Regel sehr intuitiv. Wir folgen unseren Instinkten und haben ein klares Verständnis davon, was gut oder schlecht für uns ist. Doch je älter wir werden, desto mehr lassen wir uns von äußeren Umständen beeinflussen und verlieren das Gespür für unsere eigene innere Führung. Also frage dich selbst: Wie oft hast du entschieden, etwas auszuprobieren oder eine Chance zu ergreifen, obwohl dein Bauchgefühl dir sagte, dass es nicht richtig war? Und wie oft hast du im Nachhinein bereut, diese Entscheidung getroffen zu haben? Die Wahrheit ist, unsere Intuition spricht immer leiser als unser Verstand – aber sie ist trotzdem da. Sie kann uns helfen, wichtige Entscheidungen zu treffen und den richtigen Weg einzuschlagen. Also wie können wir unsere intuitive Seite wecken? Der erste Schritt ist, authentisch zu sein. Ein großer Fehler bei vielen Menschen besteht darin, sich anzupassen und zu versuchen, anderen zu gefallen, anstatt ihre eigene Meinung kundzutun. Diese Anpassung hemmt das Gespür für die eigene Intuition. Es braucht Zeit und Übung, um zu lernen, die Stimme deiner Intuition wahrzunehmen. Verbringe Zeit mit dir selbst, nimm Abstand von äußeren Einflüssen und versuche, deine Gedanken und Gefühle bewusst wahrzunehmen. Wenn du in einer Situation bist, in der du nicht weißt, was zu tun ist, stelle dir selbst schnell die Frage:

„Was sagt meine Intuition dazu?"

Mit der Zeit wird sich das Gespür für dein Bauchgefühl entwickeln und du wirst feststellen, dass es auf verblüffende Weise sehr oft Recht hat. Du kannst jederzeit anfangen, deine innere Stimme zu hören und dein Leben danach ausrichten. Es kann ungewohnt sein, am Anfang seiner Intuition mehr Beachtung zu schenken als den Fakten oder Meinungen anderer. Aber wenn man ehrlich zu sich selbst ist und immer weiter daran arbeitet, die eigene Intuition ernst zu nehmen, werden wir im Laufe unseres Lebens selbstbewusster Entscheidungen treffen können, die uns auch wirklich glücklich machen. Ich hoffe, diese Geschichte konnte dich inspirieren, auf dich selbst und dein inneres Selbst zu hören. Nimm dir Zeit für dich und höre auf deine innere Stimme. Vertraue darauf, dass sie dich in die richtige Richtung führt. Es mag nicht immer einfach sein, aber es ist der Weg zu einem erfüllten

Leben. Denke daran: Du bist einzigartig und hast eine ganz besondere Intuition – lass sie dein Kompass sein!

Nimm das Ruder deines Lebens in die Hand und folge deinem Herzen

Stell dir vor, dass jede Entscheidung, die du triffst, aus deinem Herzen kommt! Der nächste Schritt besteht darin, authentisch zu sein und ehrlich zu sich selbst zu bleiben. Oftmals unterdrücken wir unsere Wünsche oder Bedürfnisse aus Angst vor Ablehnung oder Missverständnissen durch andere Menschen. Aber wenn wir uns erlauben, unsere Emotionen zuzulassen und auf uns zu hören, können wir unseren inneren Kompass finden.

Um deine Intuition ab heute immer wieder bewusster wahrzunehmen, kannst du auch täglich meditieren oder eine achtsame Körperübung wie Sport und Yoga machen oder einfach die Natur genießen. Dabei kannst du innere Ruhe und Raum für deine Intuition schaffen. Also gib deiner inneren Stimme eine Chance! Je mehr du übst, desto sicherer wirst du in schwierigen Entscheidungen sein und dich besser fühlen, weil du authentisch bist. Es geht darum, auf deine Bedürfnisse und Wünsche zu hören und auf dein Herz zu vertrauen! Am Ende wachsen wir durch jede Entscheidung – ob positiv oder negativ – und wir lernen uns selbst besser kennen. Stell dir vor, dass jede Entscheidung, die du triffst, aus deinem Herzen kommt. Was würde dein Herz sagen? Und was würde gut sein für dein langfristiges Glück und Wohlbefinden?

Du stehst vor einer wichtigen Entscheidung. Sollst du den Job annehmen, der dir angeboten wurde, oder doch lieber noch weitersuchen? Du hast zwar ein gutes Gefühl bei dem Jobangebot, aber irgendwie zögert etwas in dir. Hast du schon mal gehört von deiner inneren Stimme? Diese innere Stimme ist deine Intuition und sie kann dir helfen, in schwierigen Situationen die richtige Entscheidung zu treffen. Deine Intuition gibt dir einen Hinweis darauf, was wirklich wichtig für dich ist.

Aber wie findest du heraus, was deine Intuition dir sagt? Zunächst musst du lernen, auf dein Bauchgefühl zu hören. Wenn du eine Entscheidung treffen musst, nimm dir ausreichend Zeit dafür. Setz dich hin oder geh spazieren und versuche, dich zu beruhigen. Dann lass deine Gedanken schweifen und achte auf das Gefühl in deinem Körper. Du liebst es, deine Persönlichkeit auszudrücken und dich von anderen auf eine positive Art zu unterscheiden. Für dich ist es wichtig, authentisch zu sein und deine eigenen Werte zum Ausdruck zu bringen. Aber was genau bedeutet das?

Werte sind die Leitlinien in unserem Leben

Sie beschreiben, was wir als sinnvoll und erstrebenswert erachten – wie z. B. Ehrlichkeit, Respekt oder Gerechtigkeit. Nur wer klar definierte Werte hat und danach lebt, wird auch glücklich. Finde deshalb heraus, welche Werte dir besonders am Herzen liegen. Vielleicht möchtest du immer fair bleiben und anderen helfen oder aber auch für Freiheit und Unabhängigkeit stehen. Es kann viele verschiedene Wertvorstellungen geben. Doch nur wenn du für deine Überzeugungen einstehst und danach handelst, bist du wirklich authentisch.

Doch nicht nur unsere Werte prägen uns – auch unsere Talente machen uns zu der Person, die wir sind! Wir alle haben spezielle Fähigkeiten, die uns auszeichnen – sei es malen, singen oder aber auch organisieren. Entdecke deine Talente und nutze sie im beruflichen sowie im privaten Bereich. Entscheidend hierbei ist allerdings: Nutze sie bewusst und vor allem erfolgreich! Setze dir Ziele und arbeite kontinuierlich daran, dich weiterzuentwickeln. Lerne dazu oder suche dir Mentoren um dich herum – das wird dir helfen, schneller Fortschritte zu machen. Mit Authentizität kommt auch eine besondere Leichtigkeit ins Leben – kostbare Zeit kannst du dementsprechend voller Enthusiasmus erleben! Denn nichts ist wertvoller, als in Harmonie mit sich selbst und seinen Zielen zu leben. Finde deine Werte und Talente – denn nur so werden auch andere dich kennenlernen und schätzen.

Werte, die dich auszeichnen

Du hast sicher schon mal von Werten gehört. Dabei handelt es sich um Eigenschaften oder Verhaltensweisen, die uns als Menschen auszeichnen und an denen wir festhalten sollten. Diese Werte prägen unsere Persönlichkeit und beeinflussen unser Handeln und unsere Entscheidungen. Zu den Wichtigsten zählen Ehrlichkeit, Respekt, Verantwortungsbewusstsein, Hilfsbereitschaft und Mut. Sie helfen uns dabei, ein gutes Miteinander zu haben und uns selbst treu zu bleiben. Es ist aber auch notwendig, dass jeder Mensch seine eigenen Werte identifiziert und danach lebt. Nur so können wir authentisch sein und unseren Platz in der Gesellschaft finden. Denn wenn wir uns verstellen oder versuchen, andere zu imitieren, werden wir nicht glücklich.

Gehörst du eher zu den introvertierten Menschen? Ist dir Ehrlichkeit besonders wichtig? Oder zeichnest du dich durch deine Hilfsbereitschaft aus? Identifiziere diese Werte für dich und beginne nach ihnen zu leben. Sei stolz auf deine Persönlichkeit und stehe zu deinen Überzeugungen.

Auch Talente spielen eine wichtige Rolle in unserem Leben. Jeder hat Stärken und Fähigkeiten, die uns einzigartig machen. Vielleicht bist du besonders kreativ und hast ein Talent für das Schreiben oder Malen? Oder bist du ein Organisationstalent und bist gut darin, Projekte zu koordinieren? Nutze deine Talente, um in Job oder Freizeit erfolgreich zu sein. Am Ende des Tages geht es aber vor allem darum, authentisch zu sein. Lebe nach deinen Werten und nutze deine Talente, um dich selbst zu entfalten. Nur so wirst du ein erfülltes Leben führen können, das auf deinen eigenen Überzeugungen beruht.

Wie du authentisch deine Beziehungen verbessern kannst

Kennst du das Gefühl, dass dir jemand gegenübersteht und du weißt einfach nicht, ob er wirklich ehrlich ist? Vermisst du manchmal echte

Beziehungen zu anderen Menschen? Dann könnte es an fehlender Authentizität liegen. Aber was bedeutet Authentizität überhaupt? Es geht darum, sich selbst treu zu bleiben. Deine Handlungen, Gedanken und Worte sollten alle miteinander übereinstimmen – so wie ein Puzzle perfekt zusammenpasst. Klingt simpel, ist aber gar nicht so leicht umzusetzen.

Beginnen wir also mit der Definition von Werten. Diese sind Grundsätze und Überzeugungen, die uns leiten im Leben. Sie geben uns Orientierung und helfen uns, Entscheidungen zu treffen. Vielleicht zählen dazu für dich Ehrlichkeit, Empathie oder Mut – jeder Mensch hat hier seine eigenen Prioritäten.

Du bist eine einzigartige Persönlichkeit und hast viele Eigenschaften, die dich auszeichnen. Eines der wichtigsten Dinge dabei sind deine Werte. Aber was sind Werte eigentlich genau und warum sind sie so bedeutsam? Werte sind Prinzipien oder Ideale, die wir als richtig und gut empfinden. Sie bilden unsere Persönlichkeit und unser Verhalten ab und setzen Maßstäbe dafür, wie wir mit anderen Menschen interagieren möchten. Doch welche Werte passen zu dir?

Das herauszufinden ist gar nicht so schwer: Es geht darum, sich selbst ehrlich zu hinterfragen und zu überlegen, was einem im Leben wirklich wichtig ist. Vielleicht liegt dir Gerechtigkeit besonders am Herzen oder du legst großen Wert auf Freiheit und Selbstbestimmung. Wenn du erst einmal deine eigenen Werte identifiziert hast, kannst du danach leben – auch im beruflichen Bereich. Indem du dich für eine Stelle entscheidest, die mit deinen Vorstellungen von Sinnhaftigkeit übereinstimmt, oder indem du auf ethische Aspekte in deinem Job achtest. Doch es gibt noch etwas anderes, das uns auszeichnet: unsere Talente! Diese Fähigkeiten unterscheiden uns von anderen Menschen und lassen uns einzigartig sein. Aber woran erkennt man seine Talente eigentlich? Was liegt einem besonders und bringt Freude? Wenn man dies herausgefunden hat, kann man diese Begabungen in verschiedenen Bereichen gezielt nutzen. Und schließlich geht es auch um Authentizität in den Beziehungen: Nur wenn man sich selbst treu bleibt und ehrlich kommuniziert, können Beziehungen auf einem soliden Fundament aufgebaut werden. Das ist wichtig, um langfristig glücklich zu sein und sich in einer Partnerschaft wirklich wohlzufühlen.

Insgesamt geht es bei all diesen Themen darum, zu dir selbst zu stehen und dich nicht von anderen oder gesellschaftlichen Erwartungen beeinflussen zu lassen. Nur so kannst du ein erfülltes Leben führen – im Einklang mit deinen Werten und Talenten.

Im nächsten Schritt solltest du herausfinden, welche Werte für dich am wichtigsten sind. Eine gute Methode ist es zum Beispiel aufzuschreiben, was dir in deinem Leben am meisten am Herzen liegt. Welche Dinge machen dich glücklich und welche bringen dich zum Strahlen? Doch nur den Wertekatalog zu kennen reicht natürlich noch nicht aus.

Du musst auch danach leben!

Das mag sich banal anhören, doch im Alltag greifen wir oft unreflektiert auf Verhaltensweisen zurück, die gar nicht mit unseren Werten übereinstimmen. Ein Beispiel: Wenn dir Respekt gegenüber anderen Menschen wichtig ist – behandelst du dann auch wirklich jeden respektvoll, oder gibt es Ausnahmen? Doch wie kann Authentizität deine Beziehungen bereichern? Ganz einfach: Wenn du selbst ehrlich und wahrhaftig bist, ziehst du auch Menschen an, die genauso ticken wie du, so entsteht eine Basis für echte Verbindungen auf Augenhöhe.

Zum Abschluss nochmal ein Gedanke zu deinen Talenten. Je mehr du deine eigenen Werte erkennst, die dich auszeichnen, umso mehr hast du die Möglichkeit, auch deine Talente zu entdecken. Oft erkennst du sie gar nicht sofort, dann denke einfach an das Bücherregal und an die vielen Puzzleteile in deiner persönlichen Schatztruhe. Talente werden nicht nur gefördert, sondern verbergen sich in jeder Zelle in dir.

Sie werden über Generationen hinaus weitergegeben, welche dich als Person auszeichnen. Je mehr du dir dessen bewusst bist, in deinen Gedanken, in deinem Körper und deinem Sein, desto leichter kannst du dies für dich annehmen und zu deinen Stärken umwandeln. Du kannst viel besser mit dir und anderen kommunizieren und das Thema Konflikte viel besser beherrschen als umgekehrt. Auch hier geht es darum, offen zu sein für das, was dich auszeichnet und was dir Freude bereitet. Diese Fähigkeiten können wie gesagt im beruflichen sowie privaten Bereich von Nutzen sein – und wenn du sie authentisch lebst, sorgst du ganz automatisch für mehr Relevanz in deinem Leben.

Also: Sei mutig und entscheide dich dafür, dein authentisches Ich zu zeigen!

Strebe danach, deine Werte jeden Tag aufs Neue umzusetzen. Du wirst sehen: Deine Umgebung wird sich verändern – hin zum Positiven! Ein weiterer Schritt für eine authentische Beziehung ist die Rolle der Kommunikation. Beziehungen sind für uns Menschen unglaublich wichtig, wir können oft nicht richtig kommunizieren. Genau darin besteht die Herausforderung, was wir hören und sagen, geht oft unter, denn die Worte entweichen durch die unterschiedlichen Türen. Wir alle brauchen Liebe, Nähe und Unterstützung. Aber oft haben wir Angst davor, uns vollständig offen und ehrlich zu zeigen aus Angst vor Ablehnung oder Verletzlichkeit. Doch diese Ängste können verhindern, dass eine Beziehung kontinuierlich wachsen kann. Um eine authentische Beziehung aufbauen zu können, musst du lernen, dich so zu zeigen, wie du bist – inklusive all deiner Stärken und Schwächen. Wenn dein Partner weiß, wer du wirklich bist, könnt ihr beide eine starke Verbindung aufbauen.

Doch wie genau geht das? Das Geheimnis liegt in einer offenen Kommunikation. Du solltest deinem Partner immer sagen können, was dir durch den Kopf geht – selbst wenn es unangenehm ist. Wenn ihr ein Problem habt – sprecht darüber! Probleme konstruktiv anzugehen verhindert ungesunde Dynamiken und unnötigen Konflikt, das gilt explizit auch für deinen Job. Und doch gibt es häufig Hindernisse auf dem Weg zur Authentizität, du hast Angst, nicht mehr attraktiv zu sein oder im schlechten Licht zu erscheinen. Es mag schwer sein, seine eigenen Begrenzungen zuzugeben, das führt aber dazu, dass der andere nicht wirklich akzeptieren kann, wer du bist.

Doch jede Angst lässt sich überwinden

Hier ist es wichtig, geduldig mit dir selbst zu sein und deine Ängste Stück für Stück zu ergründen. Bevor du deine Sorgen teilst, kann es auch hilfreich sein, ganz einfach bestimmte Dinge auszuprobieren: Was passiert, wenn ich einmal zugebe, wie ich mich fühle oder etwas sage, was ich vorher immer zurückhielt? Du warst schon immer ein offener Mensch, der es liebt, mit anderen in Kontakt zu treten und Beziehungen aufzubauen. Doch dabei hattest du oft das Gefühl, dass diese Beziehungen nicht wirklich authentisch waren. Es fehlte dir der tiefe Austausch über eure Gedanken und Gefühle. Deshalb hast du dich entschieden, tiefer in das Thema Authentizität einzusteigen.

Zu Beginn hast du dich gefragt, wie du dir eine authentische Beziehung sichern kannst. Du hast erkannt, dass dies vor allem von deiner eigenen Offenheit abhängt. Wenn du ehrlich bist und deine eigene Persönlichkeit zum Ausdruck bringst, wird auch dein Gegenüber dazu neigen, authentischer zu sein. Eine wichtige Rolle spielt dabei die Kommunikation. Eine offene und ehrliche Kommunikation schafft Vertrauen und ermöglicht es euch beiden, wirklich zueinander zu finden. So könnt ihr gemeinsam herausfinden, wer ihr seid und was ihr voneinander wollt. Allerdings gibt es auch Hindernisse auf dem Weg zur Authentizität. Oftmals stehen Ängste vor Veränderung oder Ablehnung durch andere im Vordergrund. Doch um diese Ängste zu überwinden, ist es wichtig zu erkennen, dass Veränderung Teil des Lebens ist und ablehnende Reaktionen anderer oft nichts mit uns selbst zu tun haben. Letztendlich kommt es darauf an, dass du dir selbst gegenüber authentisch bist und deine Bedürfnisse kommunizierst. Nur so kannst du sicherstellen, dass jede Beziehung, sei es eine Freundschaft oder eine Partnerschaft, auf einer echten Basis beruht. Und wer weiß – vielleicht wirst du bald feststellen, dass sich durch die authentischen Beziehungen auch dein Leben selbst zum Positiven verändert hat. Lass dich von deinen Ängsten nicht unterkriegen, sondern sei mutig – versuche dich der anderen anzunehmen und zeige ihnen dein echtes Selbst! Nur so wird deine Beziehung eine tiefe Verbundenheit haben.

Betrachten wir den Weg zum authentischen Leben, so gilt es, auch die Herausforderungen in deinem Beruf zu bewältigen. Eine große ist, wie schon erwähnt, die Angst vor Veränderung oder vor der Ablehnung durch andere. Um diese Ängste zu überwinden, solltest du dir zunächst bewusstmachen, welche Gedanken und Emotionen dahinterstecken. Schreibe sie vielleicht sogar auf Papier nieder; so können sie greifbarer werden. Außerdem ist es wichtig, dich daran zu erinnern, dass Veränderungen auch positive Auswirkungen haben können. Wer weiß, vielleicht entwickelst du dich in eine Richtung, die dir sogar noch mehr Freude bereitet als bisher? Natürlich besteht immer das Risiko von Ablehnung durch andere – doch wenn wir ehrlich und authentisch bleiben, werden sich mit der Zeit auch Menschen um uns sammeln, die dieses Selbstverständnis teilen.

Fassen wir alles zusammen, so geht es um die wichtigen Aspekte in unserem Leben, sich selbst und anderen gegenüber durch offenes Kommunizieren und dem Aufzeigen unserer wahren Gedanken und Gefühle treu zu bleiben. Indem wir uns unseren Ängsten stellen und uns auf Veränderungen einlassen, werden wir einen Weg finden, der am Ende belohnt wird. Ich wünsche dir viel Erfolg auf deinem Weg hin zu deiner authentischen Beziehung in deinem Leben!

Wenn du mehr Unterstützung brauchst, ich bin gerne für dich da!

Quellen / Anmerkungen:

HEIKE ARNOLD:

- Zitat von Antoine de Saint-Exupéry aus „Der kleine Prinz": „Man sieht nur mit dem Herzen gut. Das Wesentliche ist für die Augen unsichtbar."

CORNELIA B. BIENZ:

- Zitat von Peter Rosegger:
  https://www.aphorismen.de/suche?f_autor=3206_Peter+Rosegger&seite=2
- Zitate von Antoine de Saint-Exupéry:
  https://zitate-aphorismen.de/autor-in-zitate/antoine-de-saint-exupery/page/14
  https://zitate-aphorismen.de/autor-in-zitate/antoine-de-saint-exupery/page/17
- Duden (Synonyme für „authentisch")
- Wikipedia (Definition für „authentische Person")

CAROLIN LIMBURG:

[1] Posttraumatische Belastungsstörung aufgrund schwerwiegender Erfahrungen
[2] https://www.gewaltinfo.at/fachwissen/ausmass/uebergriffe_in_der_kindheit.
php#:~:text=Frauen%20waren%20in%20ihrer%20Kindheit,6%20%%20von%20
körperlicher%20Gewalt%20betroffen
(zuletzt aufgerufen am 20.09.2023)
[3] „eMANNzipation" ist mein Begriff dafür, dass Frauen in der westlich zivilisierten Welt alles können, was sie wollen, solange sie es wie die Männer tun. Dabei verlieren sie ihre eigentlichen Stärken des Nährens und Verbindens und ihrer zyklischen Natur, die Heilung, Entspannung und Kreativität bereits automatisch eingebaut hätte, zum Preis von Erfolg, Anerkennung, linearer Leistungsfähigkeit, Disziplin und Ausdauer.
[4] Vergl. die Arbeit von Dr. Robin Malloy. Er bezieht sich in seinen Vorträgen auf 400 Jahre, die als epigenetische Veränderungen nachweisbar sind.
[5] „Die Wolfsfrau", Clarissa Pinkola Estés, Heine Verlag, 1993 57. Auflage
[6] Vergl. Unsichtbare Frauen: Wie eine von Daten beherrschte Welt die Hälfte der Bevölkerung ignoriert. Caroline Criado-Perez, btb Verlag, 10. Auflage 2020
sowie: Das Trauma in dir. Wie der Körper den Schrecken festhält und wie wir heilen können, Bessel van der Kolk, Ullstein Verlag 2023
[7] https://www.derpragmaticus.com/r/musiktherapie-trauma
(zuletzt aufgerufen am 25.08.2023)
- Trauma-Heilung: Das Erwachen des Tigers. Unsere Fähigkeit, traumatische Erfahrungen zu transformieren, Peter A. Levine, Synthesis Verlag 2022
- Breath Atem: Neues Wissen über die vergessene Kunst des Atmens, Piper Verlag, 13. Auflage 2022
- Buteyko Clinic: Cause of chronic hyperventilation by Patrick McKeown

SONJA MÜLLLER:

- Randolf M. Schäfer
- Buch von Fabian Wollschläger: „7 geistige Gesetze": Die entschlüsselten
  Geheimnisse der Hermetik

MAGDALENA BÜTTNER:

- Zitat von Khalil Gibran, Der Prophet, Der Narr, Der Wanderer
- Buch von Maja Storch: „Die Sehnsucht der starken Frau nach dem starken Mann"

HEIDI WEBER RÜEGG:

- Zitat von Antoine de Saint-Exupéry aus „Der kleine Prinz": „Man sieht nur mit dem
  Herzen gut. Das Wesentliche ist für die Augen unsichtbar."

ULRIKE KEFERSTEIN:

- Fokus online: Expertin Frauke Fischer, 25.07.2023
- „Aktuelle Stunde", WDR, Sendung „Der Sommer `23 der Extreme" mit Experte
  Sven Plöger.
- Neurowissenschaftler Gerald Hüther im Deutschlandfunk Kultur, 28.08.2020: Mani-
  pulation von Menschen, „Die Motive der Angstmacher erkennen"
- Prof. Albrecht Hempel, Kardiologe und ganzheitlicher Mediziner, Buch: Gesundheit
  ist auch Gefühlssache
- Kurt Tepperwein: Die Botschaft deines Körpers
- Luise L. Hay: Heile deinen Körper
- Süddeutsche Zeitung: Arzneimittel, Gefährliche Engpässe
- Konrad Lorenz, österreichischer Zoologe, Medizin-Nobelpreisträger und einer der
  Hauptvertreter der klassischen vergleichenden Verhaltensforschung
- Fokus: Endlich verstanden: Das ist das Grundprinzip der Quantenphysik, Autor
  Matthias Matting
- Alfred Adler, österreichischer Arzt und Psychotherapeut, Individualpsychologie
- Albert Einstein: schweizerisch-US-amerikanischer theoretischer Physiker deutscher
  Herkunft, Relativitätstheorie, Quantenphysik, Matrix
- Dirk Michael Lambert: Die Formel des Erfolgs

ELKE KNAPE:

- Lexikon der Psychologie der Dorsch
- Song von David Dundas „Jeans on"
- Zitate von Martina Haller: Manipulierte Menschen manipulieren, befreite,
  authentische Menschen befreien / danke, danke, danke / wunderglaublich

BEATE GREWE:

- Oscar Wilde „Sei du selbst; alle anderen sind bereits vergeben!"
- Buch von Napoleon Hill: „Denke nach und werde reich"

Weitere Bücher der Autor*innen

CORNELIA B. BIENZ:

- Seelenbotschaften – Was die Welt jetzt wirklich braucht (ISBN 978-3-949217-34-0)
  Basic Erfolgsmanagement, 2023

- Mit Loslassen zum Erfolg (ISBN 978-3-949217-46-3)
  BASIC ERFOLGSMANAGEMENT, 2024

CAROLIN LIMBURG:

- GRACE Journal für Dankbarkeit, Weiblichkeit und Selbstliebe. 1. Auflage 2022,
  Selbstverlag über Amazon

SONJA MÜLLER:

- Seelenbotschaften – Was die Welt jetzt wirklich braucht (ISBN 978-3-949217-34-0)
  Basic Erfolgsmanagement, 2023

HEIDI WEBER RÜEGG:

- Seelenbotschaften – Was die Welt jetzt wirklich braucht (ISBN 978-3-949217-34-0)
  Basic Erfolgsmanagement, 2023

ELKE KNAPE:

- Seelenbotschaften – Was die Welt jetzt wirklich braucht (ISBN 978-3-949217-34-0)
  Basic Erfolgsmanagement, 2023

BEATE GREWE:

- Seelenbotschaften – Was die Welt jetzt wirklich braucht (ISBN 978-3-949217-34-0)
  Basic Erfolgsmanagement, 2023

- Mit Loslassen zum Erfolg (ISBN 978-3-949217-46-3)
  BASIC ERFOLGSMANAGEMENT, 2024

Weitere Bücher aus der Erfolgsbuchreihe:
13 verblüffende Wege zum Erfolg
Feuer für deinen Erfolg
Erfolgreich mit Mutmachern & Netzwerkern
Farbenreich zum Erfolg
Mit Bewusstsein zum Erfolg
Mit Familiensinn zum Erfolg
Authentisch ME zum Erfolg
Mit Loslassen zum Erfolg

www.erfolgsbuchreihe.com
www.basic-erfolgsmanagement.de